## CURSO E JULGAMENTO DOS PROCESSOS NOS TRIBUNAIS

P397c     Peña, Eduardo Chemale Selistre
            Curso e julgamento dos processos nos tribunais / Eduardo Chemale Selistre Peña. – Porto Alegre: Livraria do Advogado Editora, 2010.
            134 p.; 23 cm.
            ISBN 978-85-7348-711-4

            1. Processo civil. 2. Organização judiciária. I. Título.

                                       CDU – 347.9

Índices para catálogo sistemático:
Processo civil                      347.9
Organização judiciáriária        347.97/.99

(Bibliotecária responsável: Marta Roberto, CRB-10/652)

Eduardo Chemale Selistre Peña

# CURSO E JULGAMENTO DOS PROCESSOS NOS TRIBUNAIS

Porto Alegre, 2010

© Eduardo Chemale Selistre Peña, 2010

*Capa, projeto gráfico e diagramação*
Livraria do Advogado Editora

*Revisão*
Betina Denardin Szabo

*Direitos desta edição reservados por*
Livraria do Advogado Editora Ltda.
Rua Riachuelo, 1338
90010-273 Porto Alegre RS
Fone/fax: 0800-51-7522
editora@livrariadoadvogado.com.br
www.doadvogado.com.br

Impresso no Brasil / Printed in Brazil

À minha amada Isabel da Costa Franco Santos.

*Agradecimentos*

Como sempre, aos meus amados pais, Roberto e Vânia, e aos meus queridos irmãos, Andréa e Ricardo. Montevidéu, Porto Alegre e São Paulo são vizinhas, se o meu amor e admiração por vocês suaviza com a distância!

*A mis hermosas sobriñas que quero mucho*, Victória e Raffaela Laxalde Peña.

Ao Professor Araken de Assis pelas lições, incentivo e, principalmente, pela amizade.

Ao Professor Arruda Alvim: encantador mestre formador de discípulos.

## Prefácio

Prefaciar esta obra de Eduardo Chemale Selistre Peña é para nós uma grande honra e, sob certo ponto de vista, uma tarefa fácil, pois são abundantes as qualidades a serem ressaltadas nesse jovem e promissor jurista.

Mestre em Direito pela Pontifícia Universidade Católica do Rio Grande do Sul, Eduardo Peña não se limitou, como muitos, à defesa de sua dissertação sobre "O recurso de Agravo como meio de impugnação das decisões interlocutórias de primeiro grau"; empenhou-se, na sequência, em torná-la pública e disponibilizar sua excelente pesquisa ao meio jurídico.

Depois disso, permaneceu firme no propósito de fornecer sua contribuição aos estudiosos do direito processual civil, publicando diversos artigos sobre a jurisdição, o processo de conhecimento, o processo nos tribunais e temas afins, sempre em revistas e obras de alto renome.

E, como se não lhe bastassem a obtenção do título de Mestre pela consagrada PUC-RS e a considerável produção acadêmica, o autor empreendeu uma corajosa "mudança de ares" para São Paulo, onde enveredou para a advocacia e manteve inabaláveis seus propósitos acadêmicos, agora no curso de doutoramento da Pontifícia Universidade Católica de São Paulo.

Em São Paulo, tivemos a oportunidade de conhecer Eduardo e testemunhar sua avidez intelectual e atuação exemplar na advocacia, que nos conduzem à afirmação segura da qualidade do trabalho do colega e amigo que ora apresentamos à comunidade jurídica.

Além do compromisso com a pesquisa impecavelmente realizada, a redação cuidadosa e a oportuna abordagem do tema e respectivos questionamentos, estamos certos de que a experiência e o contato com a *diversidade* acadêmica, bagagem trazida por esse jovem autor, lançarão sobre o leitor novas perspectivas sobre o direito processual civil.

Num contexto em que se discutem amplamente temas como a importância da uniformização dos entendimentos dos tribunais, os poderes do

Relator e a força vinculante dos precedentes judiciais no direito brasileiro, a obra "Curso e Julgamento dos Processos nos Tribunais" vem, em boa hora, demonstrar o impacto que o procedimento recursal exerce sobre o sistema processual e os direitos fundamentais do cidadão, tema que não pode jamais ser olvidado.

Parabenizo a Livraria do Advogado Editora e o autor pelo lançamento oportuno da obra, e estimo aos leitores o máximo de proveito possível; que possam vislumbrar na obra não apenas a solução para questões cotidianas, mas a verdadeira extensão da repercussão das regras procedimentais sobre os direitos e garantias fundamentais do jurisdicionado.

*Arruda Alvim*
Parecerista. Advogado em São Paulo, Rio de Janeiro, Brasília e Porto Alegre.
Livre-docente pela Pontifícia Universidade Católica de São Paulo.
Professor Titular (Mestrado e Doutorado) da PUCSP.

# Sumário

Lista de abreviaturas e siglas ........................................ 13
Introdução .................................................... 15
1. Registro de autos e petições recursais .............................. 17
   1.1. Descentralização dos serviços de protocolo ...................... 18
2. Distribuição ................................................. 20
   2.1. Princípios norteadores da distribuição ........................... 21
   2.2. Prevenção e conexão nos Tribunais ............................. 23
3. Conclusão ao relator e exame do recurso ........................... 26
   3.1. Procedimento abreviado de julgamento dos recursos – julgamento monocrático (negativa de seguimento e provimento de plano) ......... 27
      3.1.1. Evolução legislativa e aspectos gerais do julgamento monocrático dos recursos pelo relator ................................. 27
      3.1.2. Constitucionalidade do julgamento monocrático pelo relator ..... 30
      3.1.3. Hipóteses que autorizam o julgamento monocrático ............ 34
      3.1.4. Recursos que admitem o julgamento monocrático .............. 37
      3.1.5. Momento adequado para o julgamento monocrático ........... 40
      3.1.6. Motivação da decisão monocrática do relator .................. 42
      3.1.7. Impugnação do julgamento monocrático pelo relator ........... 43
   3.2. Fase inicial do procedimento completo ........................... 43
4. Revisão ..................................................... 45
5. Vinculação do juiz que houver aposto "visto" nos autos ................ 49
6. Designação de dia para julgamento e pauta ......................... 52
7. Distribuição de cópias do relatório ................................. 54
8. Julgamento em sessão ......................................... 56
9. Do necessário julgamento do agravo anteriormente à apelação .......... 58
   9.1. Consequências da inversão da ordem de julgamento ................ 59
10. Preferência de julgamento ..................................... 62
11. Sustentação oral ............................................. 63
   11.1. Formalidades do ato de sustentação oral ........................ 65

12. Incidentes no curso do julgamento dos recursos ...................... 69
   12.1. Uniformização da jurisprudência .............................. 69
      12.1.1. Pressupostos de admissibilidade do incidente de uniformização da jurisprudência ...................................... 71
      12.1.2. Procedimento da uniformização da jurisprudência .......... 74
         12.1.2.1. Primeira fase do procedimento ......................... 75
         12.1.2.2. Segunda fase do procedimento ......................... 76
         12.1.2.3. Retorno dos autos ao órgão originário, retomada e finalização do julgamento ...................................... 79
      12.1.3. Efeito vinculante da decisão ............................ 80
   12.2. Afetação do julgamento (incidente de relevante questão de direito ou incidente de prevenção da infringência) ........................ 81
      12.2.1. Pressupostos de admissibilidade do incidente de afetação do julgamento............................................. 83
      12.2.2. Procedimento do incidente de afetação do julgamento ....... 84
      12.2.3. Efeitos da decisão...................................... 85
   12.3. Declaração incidental de inconstitucionalidade .................. 86
      12.3.1. Legitimação e momento para a suscitação do incidente de inconstitucionalidade de lei ............................. 88
      12.3.2. Procedimento da declaração incidental de insconstitucionalidade.................................... 89
         12.3.2.1. Primeira fase do procedimento......................... 89
         12.3.2.2. Segunda fase do procedimento ......................... 92
         12.3.2.3. Retorno dos autos ao órgão originário, retomada e finalização do julgamento ...................................... 96
      12.3.3. Efeito vinculante da decisão ............................ 97
13. Deliberação do colegiado ......................................... 99
   13.1. Dispersão de votos ............................................ 100
      13.1.1. Dispersão de votos, *voto médio* e os embargos infringentes ..... 102
14. Apreciação de questões preliminares ............................... 103
15. Rejeição das preliminares e julgamento do mérito ................... 105
16. Pedido de vista .................................................. 107
17. Modificação do voto .............................................. 109
18. Proclamação do resultado ......................................... 111
19. Redação do acórdão ............................................... 112
20. Efeitos do agravo de instrumento e da apelação ..................... 113
21. Elementos do acórdão ............................................. 122
22. Publicação do acórdão ............................................ 125
23. Atendimento dos magistrados aos advogados nos tribunais ........... 128
   Obras consultadas ................................................. 131

## Lista de abreviaturas e siglas

| | |
|---|---|
| AI | Agravo de Instrumento |
| AgRg | Agravo Regimental |
| AJURIS | Associação dos Juízes do Rio Grande do Sul |
| art. | artigo |
| arts. | artigos |
| Bol. AASP | Boletim da Associação dos Advogados de São Paulo |
| CRFB | Constituição da República Federativa do Brasil |
| CETJRS | Centro de Estudos do Tribunal de Justiça do Rio Grande do Sul |
| cf. | conforme |
| CGP | *Código General del Proceso* (do Uruguai) |
| CPC | Código de Processo Civil |
| Des. | Desembargador |
| DJU | Diário de Justiça da União |
| EC | Emenda Constitucional |
| Ed. | Editora |
| IX ETAB | Nono Encontro dos Tribunais de Alçada do Brasil |
| j. | julgado |
| JTJ | Jurisprudência do Tribunal de Justiça (do Estado de São Paulo) |
| LC | Lei Complementar |
| LEC | *Lei de Enjuiciamento Civil* (da Espanha) |
| Min. | Ministro |
| MS | Mandado de Segurança |
| n. | número |
| NCPC | *Nouveau Code de Procédure Civile* (da França) |
| p. | página |
| RE | Recurso Extraordinário |
| RISTJ | Regimento Interno do Superior Tribunal de Justiça |
| RITJRJ | Regimento Interno do Tribunal de Justiça do Estado do Rio de Janeiro |
| RITJRS | Regimento Interno do Tribunal de Justiça do Estado do Rio Grande do Sul |
| RITJSE | Regimento Interno do Tribunal de Justiça do Estado de Sergipe |

| | |
|---|---|
| RITJSP | Regimento Interno do Tribunal de Justiça do Estado de São Paulo |
| Rel. | Relator |
| Rela. | Relatora |
| REsp | Recurso Especial |
| RePro | Revista de Processo |
| RT | Revista dos Tribunais |
| RTJ | Revista Trimestral de Jurisprudência (STF) |
| RTJE | Revista Trimestral de Jurisprudência dos Estados |
| RSTJ | Revista do Superior Tribunal de Justiça |
| ss. | seguintes |
| STF | Supremo Tribunal Federal |
| STJ | Superior Tribunal de Justiça |
| TRF | Tribunal Regional Federal |
| v.g. | *verbi gratia* |
| vol. | Volume |
| ZPO | *Zivilprozessordung* (da Alemanha) |

Observação: Os artigos citados sem especificação da lei correspondente pertencem ao Código de Processo Civil do Brasil.

# Introdução

O Capítulo VII do Título X do Código de Processo Civil, sob o título "Da Ordem dos Processos no Tribunal", reúne um conjunto de regras dispostas a organizar a importante tarefa dos tribunais não só no julgamento dos recursos, como também das ações originárias.[1]

Possivelmente encontram-se neste Capítulo alguns dos artigos que menor atenção ganham da doutrina. A escuridão sob a qual vivem tais normas contribui para o fenômeno da total ausência de uniformidade das formas de procedimento entre os tribunais do país, o que prejudica o trabalho dos advogados e, consequentemente, os jurisdicionados.

Os próprios tribunais parecem desconhecer as regras deste capítulo. Não raras vezes adotam e fazem inserir em seus regimentos internos procedimentos contraditórios com as normas do Código, originando insegurança e mesmo injustiça.

Os regimentos internos devem apenas trazer normas suplementares e complementares. Não podem, obviamente, contrariar o disposto pelo Código e muito menos pela Constituição.

Com efeito, a norma de organização judiciária que pretenda viger "deve respeitar dois pontos: 1º) jamais, a pretexto de disciplinar lacunas, será possível a deformação dos institutos do processo, ou, ainda, ir contra a lei federal. Nestes casos, indiscutível será sua inconstitucionalidade; 2º) por outro lado, mesmo havendo lacuna e existindo regra, em lei de organização judiciária, somente destinada a suprir essa lacuna, na hipótese de vir a ser editada lei federal sobre o assunto, imediatamente esta terá prevalência. Esta segunda

---

[1] Neste sentido: PINTO, Nelson. *Código de processo civil interpretado*. Antônio Carlos Marcato (coord.). 3. ed. São Paulo: Atlas, 2008, p. 1855.

hipótese de prevalência da lei federal será indiscutível, desde que dúvida alguma haja a respeito da área regulada".[2]

Com efeito, eventuais regras discordantes constantes nos regimentos dos tribunais não devem ser observadas; se o forem, podem, conforme o caso, nulificar o julgamento.

De tudo, destaque-se, dentre as regras que ordenam o processo nas Cortes do país, os dois caminhos distintos que podem tomar os recursos dentro do tribunal, representados pelos procedimentos completo e abreviado.[3]

Naquele, o recurso terá um caminho mais longo até alcançar o julgamento, mas trará maior segurança e realizará o desejo do legislador originário do Código. No outro, previsto no art. 557, lograr-se-á um exame do recurso em prazo mais exíguo, atendendo o clamo da atualidade por um processo mais célere, ainda que com o desvirtuamento do caráter colegiado dos pronunciamentos dos tribunais, e com a consequente diminuição da segurança jurídica.

Registre-se, por fim, que o Capítulo VII do Título X não reúne todas as normas concernentes ao tema, havendo importantes artigos pertinentes ao procedimento dos recursos e processos nos tribunais distribuídos ao longo do Código. Assim ocorre, por exemplo, com a regulamentação da baixa dos autos à origem após o trânsito em julgado do acórdão, que é tratada no art. 510, dentro do Capítulo I, sob o título "Das Disposições Gerais". O mesmo se dá com a uniformização da jurisprudência, com o incidente de inconstitucionalidade, com a ação rescisória e com a homologação de sentença estrangeira, todos tratados no Título IX do Livro I, entre os arts. 476 a 495.

De outro lado, o procedimento dos recursos no STF é regulado, em grande parte, por seu Regimento Interno, enquanto no STJ a disciplina é dada pela Lei 8.038 de 28.05.1990.[4]

---

[2] ARRUDA ALVIM NETTO, José Manuel de. *Manual de direito processual civil*. 12. ed. São Paulo: Revista dos Tribunais, 2008, v. 2. p. 273.

[3] Expressões cunhadas por Araken de Assis (*Manual dos Recursos*. 2. ed. São Paulo: Revista dos Tribunais, 2008, p. 266 e ss.)

[4] ASSIS, Araken de. *Manual dos Recursos*. 2. ed. São Paulo: Revista dos Tribunais, 2008, p. 267.

## 1. Registro de autos e petições recursais

Todos os autos que ingressem no Tribunal,[5] assim como aqueles nele próprio formados,[6] antes de tudo serão registrados no protocolo do dia de sua entrada, conforme exige o art. 547 do CPC, que traz a seguinte redação:

> Art. 547. Os autos remetidos ao tribunal serão registrados no protocolo no dia de sua entrada, cabendo à secretaria verificar-lhes a numeração das folhas e ordená-los para distribuição.

Consiste o registro na anotação de chegada ou de entrega do recurso (ou ação originária) no setor designado.

O indigitado artigo diz, ainda, que cabe à secretaria verificar a numeração das folhas dos autos e ordená-los a distribuição, isto é, "tomar todas as providências necessárias a pôr os autos em ordem para o procedimento, tais como dar-lhes nova capa, anotar os nomes das partes e dos advogados, indicar a modalidade de recurso ou de ação".[7]

Não se confunda, contudo, a secretaria mencionada com aquela da câmara ou turma, para a qual, posteriormente, serão encaminhados os autos, quando já sorteado um relator. No Tribunal de Justiça do Rio Grande do Sul, *v.g.*, tanto o registro, como a conferência da numeração e a posterior distribuição, são efetuados na Diretoria Processual. No STJ, nos termos do art. 66 do Regimento

---

[5] Como, por exemplo, as apelações cíveis e os reexames necessários.

[6] Como explica Bermudes, certas ações se ajuízam, diretamente, nos tribunais, sem passar pela primeira instância, por conta de vontade expressa da Constituição e das leis, que fazem uma opção política, tomando em conta, muitas vezes (não necessariamente, haja vista a ação por último referida neste tópico (ação rescisória) a condição das pessoas dos litigantes (BERMUDES, Sérgio. *Introdução ao processo civil*. 4. ed. Rio de Janeiro: Forense, 2006, p. 186) Entras estas estão a ação rescisória, o *habeas corpus* e o mandado de segurança, conforme as hipóteses. Além destas ações, há recursos interpostos diretamente nos tribunais, *v.g.*, agravos de instrumento, embargos infringentes, embargos de declaração etc.

[7] BERMUDES, Sérgio. *Comentários ao Código de Processo Civil*. 2. ed. São Paulo: Revista dos Tribunais. 1977, v. 7, p. 379-380, n. 282, p. 374.

Interno, "as petições e os processos serão registrados no protocolo da secretaria do Tribunal no mesmo dia do recebimento".

Vale ressaltar que o registro há de ser feito no mesmo dia da apresentação dos autos ou petição recursal, cabendo frisar que a data certificada como da entrega, em muitos casos, será utilizada para verificação da tempestividade; daí a importância deste ato.[8] Também por isso, ao interessado é dado solicitar certidão ou mesmo recibo de entrega.[9]

Após o registro e, quando necessária, a autuação, a secretaria passará a verificar a numeração das folhas, completando-a ou corrigindo-a – quando se tratar de recurso interposto na origem, como a apelação –, ou iniciando-a – nas hipóteses em que se cuidar de ação originária, a exemplo da rescisória, ou de recurso interposto diretamente no tribunal, como o agravo de instrumento.

### 1.1. Descentralização dos serviços de protocolo

O parágrafo único do art. 547, incluído pela Lei 10.352, de 26.12.2001, autorizou a delegação de serviços de protocolo a ofícios de justiça de primeiro grau, isto é, permitiu a criação dos chamados "protocolos integrados" ou "unificados". Por meio destes, recursos que antes necessariamente deveriam ser entregues no tribunal, passam a poder ser protocolados em outros lugares previamente definidos, como, por exemplo, nos foros regionais ou nos das comarcas do interior do Estado.

A descentralização dos serviços de protocolo vem ao encontro do princípio consagrado na Constituição Federal do efetivo acesso à Justiça.[10] Na prática é um facilitador ao exercício da advocacia, visto que desobriga o deslocamento dos profissionais aos tribunais,[11] que

---

[8] Veja-se rigorosos entendimentos do STJ neste sentido: "De acordo com o art. 66 do Regimento 'as petições e os processos serão registrados no protocolo da secretaria do Tribunal no mesmo dia do recebimento'. Cabe, pois, à parte entregar a sua petição no protocolo da secretaria e não no gabinete do ministro. O que marca a tempestividade do agravo regimental é ser a sua petição protocolada na secretaria do STJ, dentro do prazo de 5 (cinco) dias" (STJ-3ª Turma, Emb. Decl. no AgReg no Ag 30914/RJ, rel. Min. Nilson Naves, DJ 31.05.2003.

[9] Assim: MOREIRA, José Carlos Barbosa. *Comentários ao código de processo civil*. 8. ed. Rio de Janeiro: Forense, 1999, v. 5, p. 614.

[10] FUX, Luiz. *Curso de direito processual civil*. Rio de Janeiro: Forense, 2004, p. 973.

[11] ASSIS, Araken de. *Manual dos Recursos*. 2. ed. São Paulo: Revista dos Tribunais, 2008, p. 271.

muitas vezes distam centenas de quilômetros das comarcas onde atuam.[12]

Nada obstante a clareza da norma, o STJ resistiu em aceitá-la para os recursos que lhes são direcionados. Chegou a editar a Súmula 256, que enuncia que "o sistema de 'protocolo integrado' não se aplica aos recursos dirigidos ao Superior Tribunal de Justiça".

Contudo, julgando Agravo Regimental no Agravo nº 792.846-SP, a Corte Especial acabou por revogar a referida Súmula e admitir que o parágrafo único do art. 547 é aplicável a todos os recursos, indistintamente.[13]

No STF, malgrado também tenha havido inicial relutância, a inovação foi admitida com antecedência. Em decisão de junho de 2006, o Tribunal Pleno do Pretório Excelso decidiu que "a Lei n. 10.352, de 26.12.01, ao alterar os artigos 542 e 547 do CPC, afastou o obstáculo à adoção de protocolos descentralizados. Esta nova regra processual, de aplicação imediata, se orienta pelo critério da redução de custos, pela celeridade de tramitação e pelo mais facilitado acesso das partes às diversas jurisdições".[14]

Com efeito, não há razão para tratamento diverso para os recursos dirigidos aos tribunais superiores, tendo em vista que a lei não faz qualquer distinção.[15]

---

[12] Como diz Alexandre Freitas Câmara, "a norma é extremamente salutar, na medida em que permite aos advogados que atuam longe da sede do tribunal (pense-se, por exemplo, em um advogado de Porto Velho, Rondônia, que tenha de atuar perante o Tribunal Regional da Primeira Região, localizado em Brasília) dirigir mais facilmente suas petições aos órgãos superiores" (CÂMARA, Alexandre Freitas. *Lições de direito processual civil*. 2. ed. Rio de Janeiro: Lumen Juris, 2004, v. II, p. 137).

[13] STJ-Corte Especial, AgRg no Ag 792.846-SP, Rel. originário Min. Francisco Falcão, Rel. para acórdão Min. Luiz Fux, j. 21.5.2008.

[14] STF-Pleno, AI-AgR 476260, Rel. Min. Carlos Ayres Brito, DJU de 16.06.06, p. 5.

[15] Veja-se o voto da Min. Nancy Andrighi no precedente acima referido: "[...] inicialmente, havia dois óbices insuperáveis à utilização do sistema de protocolo integrado para os recursos destinados ao STJ: o primeiro era a antiga redação do *caput* do art. 542 do CPC, segundo a qual a protocolização do recurso especial deveria ocorrer na própria secretaria do Tribunal de origem; o segundo, a ausência de dispositivo de legislação federal autorizando a utilização do protocolo integrado. [...] Contudo, em 26 de dezembro daquele ano, foi publicada a Lei n.º 10.352/01, que alterou diversos dispositivos do Código de Processo Civil referentes aos recursos e ao reexame necessário. Entre outras inovações, o advento desta Lei incluiu no CPC a possibilidade de descentralização dos serviços de protocolo por parte dos Tribunais, mediante delegação desses atos aos ofícios de justiça de primeiro grau, nos termos do parágrafo único do art. 547 do CPC, que dispõe: 'Os serviços de protocolo poderão, a critério do tribunal, ser descentralizados, mediante delegação a ofícios de justiça de primeiro grau'. [...]. Foi, ainda, alterada a redação do *caput* do art. 542, disposição essa incluída na Seção II do Capítulo VI do Título X do CPC, que trata, justamente, dos recursos especial e extraordinário. Com efeito, a redação desse artigo, naquele momento, era a seguinte: 'Recebida a petição pela secretaria do tribunal e aí protocolada, será intimado o recorrido, abrindo-se-lhe vista para apresentar contra-razões'. A reforma realizada no *caput* desse artigo teve, justamente, a relevante função de excluir a expressão 'e aí protocolada',

## 2. Distribuição

Devidamente registrado, autuado e numerado, o processo ou recurso será distribuído de acordo com as regras do regimento interno do tribunal. Como, em geral, os tribunais contêm mais de um órgão igualmente competentes para o julgamento das causas e recursos que lhes são encaminhados, ou, ao menos, mais de um relator possível, faz-se necessária a distribuição para a fixação da competência,[16] isto é, para incumbir um dos seus membros de julgá-los.[17]

A distribuição, consoante o art. 93, XV, da CRFB, deverá ser imediata.[18] O comando não é despropositado: tem o intuito de impedir o mau vezo de alguns tribunais de represar a distribuição de recursos, fazendo-a de pouco em pouco.[19]

Com efeito, a norma constitucional impede que os tribunais limitem o número de processos a serem distribuídos a cada um dos seus componentes. Antes da reforma constitucional levada a efeito pela EC 45/2004, era comum em alguns tribunais a distribuição de causas não urgentes chegar a levar mais de três anos. Agora, todavia, "entrando o processo no tribunal, imediatamente a secretaria deverá providenciar a distribuição".[20] Com isso, desde logo as par-

---

afastando a taxatividade da norma anterior em relação à protocolização das petições de recurso extraordinário e especial na própria Secretaria do Tribunal prolator do acórdão impugnado. Em resumo, a Lei nº 10.352/01 pretendeu possibilitar a aplicação do sistema de protocolo integrado em termos bastante amplos".

[16] MOREIRA, José Carlos Barbosa. *Comentários ao código de processo civil*. 8. ed. Rio de Janeiro: Forense, 1999, v. 5, p. 615.

[17] ASSIS, Araken de. *Manual dos Recursos*. 2. ed. São Paulo: Revista dos Tribunais, 2008, p. 272.

[18] Preceitua a mencionada norma, incluída pela EC 45/2004: "A distribuição de processos será imediata, em todos os graus de jurisdição".

[19] MOREIRA, 1999, v. 5, p. 497.

[20] BARROSO, Darlan. *Manual de Direito Processual Civil* – recursos e processo de execução, Barueri-SP: Manole, 2007, v. II, p. 134.

tes conhecem o relator e o eventual revisor[21] do recurso interposto. No tocante ao agravo já havia norma similar no art. 527.[22]

### 2.1. Princípios norteadores da distribuição

Consoante o art. 548, a distribuição deverá seguir princípios obrigatórios, quais sejam, publicidade, alternatividade e sorteio.

A publicidade dos atos processuais constitui-se em um dos princípios informativos do processo.[23] A efetivação deste princípio enseja a fiscalização das atividades dos órgãos jurisdicionados pelas partes, pelos interessados e pela sociedade em geral. A observância do princípio da publicidade no momento da distribuição foi determinada para evitar fraudes, assegurar o respeito aos princípios do juiz natural[24] e da imparcialidade.[25]

---

[21] Sobre a designação do revisor, que não ocorre por sorteio e nem fica ao arbítrio do colegiado, mas se dá por intermédio de critério objetivo, previamente determinado, veja-se infra item específico: Revisão.

[22] ASSIS, Araken de. *Manual dos Recursos*. 2. ed. São Paulo: Revista dos Tribunais, 2008, p. 272.

[23] Para Alexandre Freitas Câmara, "em verdade, não se faz necessário que a lei processual exija expressamente a observância de tal princípio. A distribuição é um ato processual, e todos os atos processuais são públicos, por determinação constitucional (com ressalva dos atos que devam ser praticados em segredo de justiça – art. 155 do CPC)" (CÂMARA, Alexandre Freitas. *Lições de direito processual civil*. 2. ed. Rio de Janeiro: Lumen Juris, 2004, v. II, p. 138). Com efeito, independentemente da exigência legal, a distribuição, em razão de preceito constitucional, há de ser pública. Contudo, é bom que o Código explicite a exigência da publicidade também quanto ao ato de distribuição, afastando qualquer pretensão de relativização pelos regimentos internos.

[24] "A imparcialidade do juiz, mais do que simples atributo da função jurisdicional, é vista nos dias atuais como seu caráter essencial. Não por outra razão que tem sido eleita por parte da doutrina como a pedra de toque do ato jurisdicional, servindo para diferenciá-lo dos demais atos estatais. Para assegurar a imparcialidade (e a independência) do juiz é que a maioria das Constituições contemporâneas consagra o Princípio do Juiz Natural, exigindo que a designação do julgador se dê anteriormente à ocorrência dos fatos levados a julgamento e feita de forma desvinculada de qualquer acontecimento concreto ocorrido ou que venha a ocorrer. Juiz Natural, assim, é aquele que está previamente encarregado como competente para o julgamento de determinadas causas abstratamente previstas. Na atual Constituição o princípio é extraído da interpretação do inciso XXXVII do art. 5º, que preceitua que 'não haverá juízo ou tribunal de exceção', e também da exegese do inciso LIII, que reza: 'ninguém será processado nem sentenciado senão pela autoridade competente'. Completam o arcabouço de consagração do princípio as garantias outorgadas aos juízes de vitaliciedade, inamovibilidade e irredutibilidade de subsídios, previstas no *caput* do art. 95 da Constituição Federal. Costuma-se dizer, considerando o texto dado pela Carta, que juiz natural é somente aquele integrado de forma legítima ao Poder Judiciário e com todas as garantias institucionais e pessoais previstas na Constituição Federal. Por outro lado, somente são efetivamente Juízos e Tribunais, aqueles constitucionalmente previstos, ou, então, os que estejam previstos a partir e com raiz no Texto Constitucional" (PEÑA, Eduardo Chemale Selistre. *O Princípio do juiz natural*. [S.l.: s.n, 200-]. Disponível em: <http:\\www.tex.pro.com.br>. Acesso em: 6 maio 2006).

Conduzida hoje a distribuição por sistema de informática instalado em computador embrenhado na secretaria do tribunal, questiona-se a efetiva observância ao princípio da publicidade,[26] mas se trata de percalço facilmente vencível, sendo apropriada a alocação de monitor interligado ao computador no qual roda o programa de distribuição, em área do tribunal a todos acessível.

A alternatividade objetiva lograr uma equitativa distribuição dos feitos entre os diversos órgãos e juízes do tribunal, de forma a equilibrar o volume de trabalho, impedindo que alguns fiquem ociosos enquanto outros estão sobrecarregados.[27]

O sorteio, que consiste na distribuição pela sorte, do órgão e do juiz competente, objetiva garantir a imparcialidade, bem como, ao ser combinado com o princípio da alternatividade, a justa repartição de trabalho.[28]

A boa aplicação dos princípios exige que sejam observados tanto no que pertine aos órgãos fracionários de mesma competência, quanto aos julgadores destes órgãos individualmente.[29]

O Código de Processo Civil absteve-se de regular pormenores no que concerne à distribuição, remetendo-os aos regimentos internos dos tribunais, que disciplinarão a matéria com observância aos aludidos princípios, os quais, como se viu, laboram contra o arbítrio nas distribuições e, ao fim e ao cabo, em favor da isenção e da equitativa repartição de trabalho.

Decerto, nos dias atuais, a distribuição é coordenada por meio de sistemas informatizados que, desde que seguros, aferíveis e obedientes aos princípios traçados pelo art. 548, são plenamente compatíveis com o ordenamento jurídico.

No Tribunal de Justiça do Rio Grande do Sul, por exemplo, consoante o art. 139 do RITJRS, "a distribuição será feita por processamento eletrônico de dados, mediante sorteio aleatório e uniforme, diária e imediatamente, em tempo real, observadas as classes

---

[25] BERMUDES, Sérgio. *Comentários ao Código de Processo Civil*. 2. ed. São Paulo: Revista dos Tribunais, 1977, v. 7, p. 379-380, n. 282, p. 360. PINTO, Nelson. *Código de processo civil interpretado*. Antônio Carlos Marcato (coord.). 3. ed. São Paulo: Atlas, 2008, p. 1857.

[26] ASSIS, Araken de. *Manual dos Recursos*. 2. ed. São Paulo: Revista dos Tribunais, 2008, p. 274.

[27] BERMUDES, Sérgio. *Comentários ao Código de Processo Civil*. 2. ed. São Paulo: Revista dos Tribunais, 1977, v. 7, p. 379-380, n. 282, p. 360.

[28] PINTO, Nelson. *Código de processo civil interpretado*. Antônio Carlos Marcato (coord.) 3. ed. São Paulo: Atlas, 2008, p. 1857.

[29] CÂMARA, Alexandre Freitas. *Lições de direito processual civil*. 2. ed. Rio de Janeiro: Lumen Juris, 2004, v. II, p. 138.

e subclasses definidas por provimento baixado pelo Presidente do Tribunal e aprovado pelo Órgão Especial".

O Regimento Interno do Tribunal de Justiça de São Paulo, por sua vez, dispõe, em seu art. 398, parágrafo único, que "a distribuição poderá ser feita por meios eletrônicos, resguardados os princípios enunciados neste Capítulo e o sigilo do sistema adotado, bem como da senha ou código utilizado em cada sessão".

Nada obstante serem aferíveis, em tese, os sistemas de informática, há certa parcela de insegurança quanto à possibilidade de manipulação do sistema. A desconfiança é alentada no meio da advocacia, nutrida por histórias que circulam nos corredores dos tribunais.

Não ofende os princípios elencados pelo referido art. 548, a norma regimental que estabelece a prevenção do órgão fracionário e do relator para julgamento de todos os recursos e incidentes processuais que se originarem de um mesmo processo, ou em causas que se relacionem por conexão ou continência.[30] Ao revés, tais normas harmonizam-se com o sistema e trazem inúmeras vantagens práticas.[31]

O Código de Processo Civil não cominou a pena de nulidade para a hipótese de distribuição realizada em inobservância aos princípios mencionados, de forma que aplicável a regra do art. 244, isto é: violado qualquer deles, reputa-se válida a distribuição, se alcançar o fim a que se destinam (imparcialidade e distribuição de trabalho).[32]

### 2.2. Prevenção e conexão nos Tribunais

A prevenção é fenômeno que diz respeito ao direcionamento da causa a um determinado juiz, por já lhe ter sido distribuída, anteriormente, outra, a ela vinculada, ou seja, que lhe é conexa em

---

[30] Neste sentido: MOREIRA, José Carlos Barbosa. *Comentários ao código de processo civil*. 8. ed. Rio de Janeiro: Forense, 1999, v. 5, p. 616.

[31] Cf. ponto 2.2, Prevenção e conexão nos Tribunais.

[32] Assim: BERMUDES, Sérgio. *Comentários ao Código de Processo Civil*. São Paulo: Revista dos Tribunais. 2. ed. 1977, v. 7, p. 379-380, n. 282, p. 361. Na mesma linha: PONTES DE MIRANDA, Francisco Cavalcanti. *Comentários ao Código de Processo Civil*. Rio de Janeiro: Forense, 2001, t. VIII, arts. 539 a 565, p. 202.

razão da identidade estabelecida entre alguns dos seus elementos[33] (objeto, partes, causa de pedir).

A conexão, por sua vez, determinará o julgamento em conjunto de causas que tenham em comum alguns dos seus elementos (objeto, partes, causa de pedir). Há conexão, assim, quando se verifica um nexo, um elo, um vínculo que entrelaça duas ou mais ações.[34]

Os fenômenos têm o escopo de evitar que se profiram decisões contraditórias dentro de um mesmo processo, bem como de racionalizar o serviço judiciário.

Assim, distribuído um recurso pertinente a determinada causa a certo juiz do tribunal, todos os recursos subsequentes interpostos na mesma demanda devem ser também a ele direcionados,[35] desde que permaneça integrando o órgão competente para apreciação da matéria tratada no feito.[36]

Embora alguns regimentos internos regulamentem, como visto, apenas a prevenção do relator, é "correto o entendimento de que a câmara ou turma que conhecer de um recurso acerca de determinada causa fica prevenida para conhecer de outros que sejam eventualmente interpostos na mesma causa".[37]

O RITJSP, nessa linha, em seu art. 102, dispõe que ficará preventa a câmara que primeiro conhecer de uma causa, ainda que não julgue o mérito, ou qualquer incidente, para quaisquer outros feitos originários conexos ou recursos, na causa principal, cautelar ou assessória, incidente, oriunda de outro, conexa, continente, derivadas

---

[33] A identidade entre todos os elementos torna as causas idênticas e configura a litispendência (PIZZOL, Patrícia Miranda. *Código de processo civil interpretado*. 3. ed. Antônio Carlos Marcato (coord.) São Paulo: Atlas, 2008, p. 299).

[34] SANTOS, Moacyr Amaral. *Primeiras linhas de direito processual civil*. 21. ed. São Paulo: Saraiva, 1999, v. 1, p. 257.

[35] A prevenção, em regra, é do juiz, e não do órgão, a exemplo do que preceitua o art. 146, V, do RITJRS, acima reproduzido. Todavia, em sentido contrário parece ser o entendimento de Cruz e Tucci, que refere: nos tribunais, "a prevenção se dá geralmente pelo conhecimento de um incidente ou impugnação, sendo certo que a turma julgadora que conhecer de um recurso acerca de determinada demanda atrairá, para julgamento, outros que sejam eventualmente interpostos no processo (CRUZ E TUCCI, José Rogério. *A causa petendi no processo civil*. 2. ed. São Paulo: Revista dos Tribunais, 2001, p. 220).

[36] O art. 146, V, do RITJRS dispõe: "o julgamento de mandado de segurança, de mandado de injunção, de habeas-corpus, de habeas-data, de correição parcial, de reexame necessário, de medidas cautelares, de embargos de terceiro, de recurso cível ou criminal, mesmo na forma do art. 557 e parágrafo 1º do CPC e de conflito de competência, previne a competência do Relator para todos os recursos posteriores referentes ao mesmo processo, tanto na ação quanto na execução".

[37] ARRUDA ALVIM NETTO, José Manuel de. *Manual de direito processual civil*. 12. ed. São Paulo: Revista dos Tribunais, 2008, v. 2, p. 396.

do mesmo ato, fato, contrato ou relação jurídica, e nos processos de execução dos respectivos julgados.

De outro lado, contemporâneos os recursos interpostos dentro de uma mesma causa, recomendável que, além de serem julgados pelo mesmo órgão fracionário, recebam julgamento conjunto, garantindo a harmonia dos julgados.

## 3. Conclusão ao relator e exame do recurso

Nos termos do art. 549, depois de distribuídos, os autos serão encaminhados ao juiz ou desembargador sorteado (ou prevento, vale acrescentar)[38] no prazo de 48 horas.

A lei diz que os autos "subirão" à conclusão do relator, mas "nenhuma alusão há a grau ou instância. Diz-se que um recurso sobe quando o instrumento ou os autos vão ao juiz, ou de alguma turma ou câmara, ao tribunal. Aqui, no art. 549, apenas se considera embaixo a secretaria, em relação ao tribunal".[39]

Conclusos os autos, dois caminhos distintos pode seguir o recurso dentro do tribunal até o julgamento: o procedimento completo ou o procedimento abreviado.[40]

Naquele, o recurso terá um caminho mais longo até alcançar o julgamento, mas trará maior segurança e realizará o desejo do legislador originário do Código. No outro, previsto no art. 557, lograr-se-á um exame do recurso em prazo mais exíguo, atendendo-se o clamo da atualidade por um processo mais célere, ainda que com o desvirtuamento do caráter colegiado dos pronunciamentos dos tribunais, e com a consequente diminuição da segurança jurídica.

---

[38] Os regimentos internos, até para evitar decisões contraditórias, costumam atribuir a um mesmo relator todos os recursos pertinentes ao mesmo processo. O RITJRS, por exemplo, em seu art. 146, V, dispõe que "o julgamento de mandado de segurança, de mandado de injunção, de habeas-corpus, de habeas-data, de correição parcial, de reexame necessário, de medidas cautelares, de embargos de terceiro, de recurso cível ou criminal, mesmo na forma do art. 557 e parágrafo 1º do CPC e de conflito de competência, previne a competência do Relator para todos os recursos posteriores referentes ao mesmo processo, tanto na ação quanto na execução".

[39] PONTES DE MIRANDA, Francisco Cavalcanti. *Comentários ao Código de Processo Civil*. Rio de Janeiro: Forense, 2001, t. VIII, arts. 539 a 565, p. 203.

[40] Expressões cunhadas por Araken de Assis (*Manual dos Recursos*. 2. ed. São Paulo: Revista dos Tribunais, 2008, p. 266 e ss.)

## 3.1. Procedimento abreviado de julgamento dos recursos – julgamento monocrático (negativa de seguimento e provimento de plano)

### 3.1.1. Evolução legislativa e aspectos gerais do julgamento monocrático dos recursos pelo relator

O Código de Processo Civil,[41] em sua redação original, de 1973, foi econômico na outorga de poderes ao relator para o julgamento unipessoal dos recursos. Admitia o art. 557 apenas que o relator indeferisse "por despacho" o agravo manifestamente improcedente.[42]

Com notório intuito de esvaziar as pautas dos tribunais, o legislador, por meio de sucessivas reformas, ampliou as atribuições, os poderes e, mesmo, a competência do relator.[43]

A Lei 8.038/90, em seu art. 38,[44] concedeu ao relator, no STF e no STJ, poderes para indeferir de plano o recurso manifestamente intempestivo, incabível ou improcedente ou ainda, que contrariar, nas questões predominantemente de direito, súmula do respectivo tribunal.[45]

Significativas alterações robustecendo os poderes do relator em todos os tribunais e recursos vieram com a edição da Lei 9.139/95, que alterou o art. 557 para autorizá-lo a negar seguimento a recurso manifestamente inadmissível, improcedente, prejudicado

---

[41] Em pesquisa histórica, Araken de Assis constatou que o primeiro texto legislativo que outorgou poderes ao relator para julgar monocraticamente recursos foi art. 90, § 2º, da LC 35, de 14.03.1979. Embora o dispositivo tenha limitado tal poder apenas aos relatores do TFR, segundo o jurista o dispositivo logo foi copiado por diversos regimentos internos dos tribunais e evoluiu progressivamente até a dicção vigente (ASSIS, Araken de. *Manual dos Recursos*. 2. ed. São Paulo: Revista dos Tribunais, 2008, p. 275).

[42] A redação original do art. 557 era a seguinte: "Art. 557. Se o agravo for manifestamente improcedente, o relator poderá indeferi-lo por despacho. Também poderá convertê-lo em diligência se estiver insuficientemente instruído. Parágrafo único. Do despacho de indeferimento caberá recurso para o órgão a que competiria julgar o agravo".

[43] PINTO, Nelson. *Código de processo civil interpretado*. Antônio Carlos Marcato (coord.) 3. ed. São Paulo: Atlas, 2008, p. 1872.

[44] Art. 38. O Relator, no Supremo Tribunal Federal ou no Superior Tribunal de Justiça, decidirá o pedido ou o recurso que haja perdido seu objeto, bem como negará seguimento a pedido ou recurso manifestamente intempestivo, incabível ou, improcedente ou ainda, que contrariar, nas questões predominantemente de direito, Súmula do respectivo Tribunal.

[45] O dispositivo foi duramente criticado pela doutrina. Veja-se, por todos, PINTO, Nelson Luiz. Recurso especial e recurso extraordinário – a Lei 8.038, de 28.5.90 e as alterações no Código de Processo Civil. *RePro*, n. 57. São Paulo: Revista dos Tribunais, 1990, p. 122.

ou em confronto[46] com súmula do respectivo tribunal, do STF ou de Tribunal Superior.

Com o advento da Lei 9.756/98, que deu nova redação ao art. 557 e incluiu os seus §§ 1º-A, 1º e 2º, o relator do recurso no tribunal passou a ter poder não só de negar-lhe seguimento, mas também de prover-lhe de plano.[47] Criou-se, assim, um procedimento abreviado para julgamento dos recursos em determinados casos.

Consoante preceitua o *caput* do art. 557, na sua atual redação, deverá o relator negar seguimento a recurso "manifestamente inadmissível, improcedente, prejudicado ou em confronto com súmula ou com jurisprudência dominante do respectivo tribunal, do Supremo Tribunal Federal, ou de Tribunal Superior".

O advérbio "manifestamente" qualifica não apenas o adjetivo "inadmissível", mas também os demais, ou seja, "improcedente", "prejudicado" ou em "confronto com súmula ou com jurisprudência dominante". Por manifesto se entende o que é claro, evidente, inequívoco.[48]

Vale gizar que, embora a lei sugira a ideia de imperatividade ao pronunciar que "o relator negará seguimento" ao recurso naquelas hipóteses, a norma, para que possa estar em harmonia com a Constituição, deve ser interpretada no sentido de que se trata de mera faculdade do relator.[49] Isto porque o relator tem competência

---

[46] Na opinião de Barbosa Moreira, a palavra "contraste" é mais adequada para o caso do que o termo confronto (MOREIRA, José Carlos Barbosa. *Comentários ao código de processo civil*. 14. ed. Rio de Janeiro: Forense, 2008, v. 5, p. 682).

[47] Consoante Fabiano Carvalho, trata-se de competência funcional, porque o relator julga sem a participação do órgão colegiado. Pode-se dizer que o relator tem competência funcional horizontal, uma vez que o recurso tramita no mesmo grau de jurisdição, e ele, o relator, pertence ao órgão colegiado, que também pode ser competente para julgar esse recurso (CARVALHO, Fabiano. *Poderes do relator nos recursos – art. 557 do CPC*. São Paulo: Saraiva, 2008, p. 52).

[48] PONTES DE MIRANDA, Francisco Cavalcanti. *Comentários ao Código de Processo Civil*. Rio de Janeiro: Forense, 2001, t. VIII, arts. 539 a 565, p. 227 (comentários do atualizador Sérgio Bermudes); NERY JUNIOR, Nelson; NERY, Rosa Maria Andrade. *Código de processo civil e legislação processual civil extravagante em vigor*. 4. ed. São Paulo: Revista dos Tribunais, 2007, p. 960.

[49] Neste sentido: CARNEIRO, Athos Gusmão. *Recurso especial, agravos e agravo interno*. 2. ed. Rio de Janeiro: Forense, 2002, p. 42; MOREIRA, José Carlos Barbosa. *Comentários ao código de processo civil*. 14. ed. Rio de Janeiro: Forense, 2008, v. 5, p. 681; DINAMARCO, Cândido Rangel (coord.). O relator, a jurisprudência e os recursos. In: *Aspectos polêmicos e atuais dos recursos cíveis de acordo com a Lei 9.756/98*. São Paulo: Revista dos Tribunais, 1999, p. 132. Em sentido contrário, entendendo se tratar de poder-dever do relator, e não mera faculdade: CARVALHO, Fabiano. *Poderes do relator nos recursos – art. 557 do CPC*. São Paulo: Saraiva, 2008, p. 64.

funcional horizontal, que não exclui a competência do órgão colegiado do qual é componente.[50]

Dessarte, "mesmo quando ao relator pareça induvidoso o acerto do provimento recorrido tanto no exame dos fatos como no das *questiones juris*, ainda assim, em determinados casos, apresentar-se-á conveniente – até pela relevância do tema no aspecto jurídico (*tot capita, tot sententia*) ou em suas repercussões sociais, que sobre a lide se pronuncie desde logo o colegiado (inclusive propiciando às parter, até mesmo, quando permitida, a sustentação oral)".[51]

Decerto, sob o ponto de vista da economia processual, parece incongruente a opção do relator por não julgar individualmente o recurso quando admissível; "porém, a variedade dos fundamentos do ato atribuído ao relator recomenda, salvo engano, maior comedimento na abreviação do procedimento".[52]

Mesmo no que tange à hipótese de julgamento unipessoal amparado em súmula ou jurisprudência dominante, há que admitir que não pode o julgador ser obrigado a julgar conforme o entendimento seja de qual tribunal for.[53]

Contudo, no que tange à súmula vinculante, criada pela EC 45/2004 e prevista no art. 103-A da CF, há que ser dado tratamento distinto. É tão flagrante o desprovimento recurso que ataca decisão conforme com súmula vinculante, que o seu processamento afrontará de forma demasiadamente violenta o princípio da economia processual, de modo que passa a ser obrigatório o julgamento monocrático.

A negativa de seguimento, como se constata pela leitura da norma, abrange tanto as hipóteses que levariam ao não conhecimento do recurso, como aquelas que conduziriam ao seu impro-

---

[50] CARVALHO, Fabiano. *Poderes do relator nos recursos – art. 557 do CPC*. São Paulo: Saraiva, 2008, p. 52.

[51] CARNEIRO, Athos Gusmão. *Recurso especial, agravos e agravo interno*, 2. ed. Rio de Janeiro: Forense, 2002, p. 242.

[52] ASSIS, Araken de. *Manual dos Recursos*. 2. ed. São Paulo: Revista dos Tribunais, 2008, p. 272. Finaliza o autor, após referir a existência de entendimento contrário, afirmando que por não existir sanção para a inércia do relator naqueles casos, de toda sorte a obrigatoriedade revela-se inútil.

[53] PENÃ, Eduardo Chemale Selistre. *O recurso de agravo como meio de impugnação das decisões interlocutórias de primeiro grau*. Porto Alegre: Livraria do Advogado, 2008, p. 87. No mesmo sentido: Neste sentido: WAMBIER, Teresa Arruda Alvim. *O novo regime do agravo*. 2. ed. São Paulo: Revista dos Tribunais, 1996; NERY JUNIOR, Nelson. *Atualidades sobre o processo civil: a reforma do código de processo civil brasileiro de 1994*. 2. ed. São Paulo: Revista dos Tribunais, 1996; ARRUDA ALVIM, Eduardo. *Direito Processual Civil*. 2. ed. São Paulo: Revista dos Tribunais, 2008, p. 940.

vimento.⁵⁴ O recurso manifestamente inadmissível, assim como o prejudicado, na melhor técnica, não é conhecido. O recurso manifestamente improcedente ou em contraste com súmula ou com jurisprudência, "salvo se estas forem pertinentes à admissibilidade", é desprovido.⁵⁵

Poderá o relator, ainda, dar provimento de plano ao recurso, consoante permite o § 1º-A do art. 557, quando verificar que a decisão recorrida está em manifesto contraste com súmula ou com jurisprudência do Supremo Tribunal Federal, ou de Tribunal Superior.

### 3.1.2. Constitucionalidade do julgamento monocrático pelo relator

A modificação imposta com as sucessivas reformas do art. 557 "quebrou o caráter colegiado dos pronunciamentos do Tribunal (art. 555), dogma incontestado no direito pátrio, refundindo as funções do relator".⁵⁶ O relator passou a ter competência para julgar singularmente, enquanto antes lhe cabia apenas "preparar o julgamento, do qual participaria, com seu voto, na ocasião própria".⁵⁷

Tais disposições, contudo, como afirmou o STF⁵⁸ em mais de uma oportunidade, com amplo apoio da doutrina,⁵⁹ nada têm de inconstitucionais.⁶⁰

---

⁵⁴ DINAMARCO, Cândido Rangel. *A reforma da reforma.* São Paulo: Malheiros, 2002.

⁵⁵ PONTES DE MIRANDA, Francisco Cavalcanti. *Comentários ao Código de Processo Civil.* Rio de Janeiro: Forense, 2000, t. VIII, arts. 539 a 565, p. 226-227.

⁵⁶ ASSIS, Araken de. *Introdução aos sucedâneos recursais:* aspectos polêmicos e atuais dos recursos e outros meios de impugnação às decisões judiciais. São Paulo: Revista dos Tribunais, 2002, p. 23.

⁵⁷ MOREIRA, José Carlos Barbosa. *Comentários ao código de processo civil.* 8. ed. Rio de Janeiro: Forense, 1999, v. 5, p. 613.

⁵⁸ STF-1ª Turma, AI 360.424-MG-AgRg, rel. Min. Moreira Alves, j. 26.2.02; STF-2ª Turma, AI 375.370-CE-AgRg, rel. Min Carlos Velloso, j. 25.6.02.

⁵⁹ ALVIM, Eduardo Arruda. *Direito Processual Civil.* 2. ed. São Paulo: Revista dos Tribunais, 2008, p. 938; CAMBI, Accácio. *Aspectos polêmicos na aplicação do art. 557 do CPC:* aspectos polêmicos e atuais dos recursos e outros meios de impugnação às decisões judiciais. São Paulo: Revista dos Tribunais, 2003, v. 7, p. 13-23; CARVALHO, Fabiano. *Poderes do relator nos recursos – art. 557 do CPC.* São Paulo: Saraiva, 2008, p. 41-48. Para Nery Jr. o dispositivo somente é constitucional se houver possibilidade de que, mediante recurso, possam as decisões ser submetidas ao controle do Colegiado (NERY JUNIOR, Nelson; NERY, Rosa Maria Andrade. *Código de processo civil e legislação processual civil extravagante em vigor.* 4. ed. São Paulo: Revista dos Tribunais, 2007, p. 960).

⁶⁰ Em sentido contrário, defendendo a inconstitucionalidade do dispositivo: PINTO, Nelson Luiz. Recurso especial e recurso extraordinário – a Lei 8.038, de 28.5.90, e as alterações no Código de Processo Civil. *RePro,* n. 57, p. 123; MARTINS, Francisco Peçanha. A reforma do art. 557 do CPC: inconstitucionalidade e ilegalidade. *Revista do Instituto dos Advogados de São*

O art. 101, *caput* e § 4º, da LC 35/79 admite a divisão dos tribunais em órgãos fracionários como câmaras, turmas e seções, cada qual funcionando como o próprio tribunal.[61] "Essa norma deita por terra a tese da 'unidade do Tribunal'. Ele é apenas uno nas suas frações e a menor delas", em alguns casos, como na hipótese do art. 557, chama-se 'relator'".[62]

De fato, como diz voz autorizada, "em segundo grau, o órgão é a câmara ou turma, bem como o relator *que integre* tais órgãos colegiados, igualmente competentes, *in abstracto*, para julgar a causa".[63]

E releva anotar que a Constituição Federal em momento algum exige que os recursos sejam obrigatoriamente julgados por órgãos colegiados. Aliás, há diversos recursos previstos no ordenamento que são julgados por decisão unipessoal, como os embargos infringentes cabíveis da sentença que julga execuções fiscais de valor inferior ou igual a 50 ORTN (art. 34 da Lei 6.830/80), assim como os embargos de declaração opostos de decisão singular.[64] De sua vez, o recurso interposto contra a sentença proferida no juizado especial cível, embora julgado por órgão colegiado, não o é por um tribunal.

Assim, o relator, ao julgar, singularmente, recursos (art. 557), é o próprio tribunal,[65] e não apenas delegado deste.[66] Até porque "as

---

*Paulo*, v. 5, p. 53-56, jan./jun. 2000; BORGES, Marcos Afonso. Alterações do Código de Processo Civil oriundas da Lei 9.756, de 17 de dezembro de 1998. *RePro* n. 94/7-11.

[61] Cf. Moniz de Aragão, seja qual for a sua divisão interna, o tribunal é sempre uno, mesmo quando por "um de seus membros integrantes, os quais, agindo isoladamente, se assim determinar a lei interna, são o próprio colégio judiciário, que fala por intermédio de seus juízes, no caso o presidente ou o relator" (ARAGÃO, Egas Dirceu Moniz de. Do agravo regimental. *Revista dos Tribunais*, v. 315, São Paulo, p. 130, 1962).

[62] ASSIS, Araken de. *Introdução aos sucedâneos recursais:* aspectos polêmicos e atuais dos recursos e outros meios de impugnação às decisões judiciais. São Paulo: Revista dos Tribunais, 2002, p. 49. No mesmo sentido: CARVALHO, Fabiano. *Poderes do relator nos recursos – art. 557 do CPC.* São Paulo: Saraiva, 2008, p. 54.

[63] ARRUDA ALVIM NETTO, José Manuel de. *Manual de direito processual civil,* 12. ed. São Paulo: Revista dos Tribunais, 2008, v. 2, p. 395.

[64] CARVALHO, Fabiano. *Poderes do relator nos recursos – art. 557 do CPC.* São Paulo: Saraiva, 2008, p. 45-46.

[65] Sérgio Cruz Arenhart também concorda com este entendimento, tendo afirmado que nenhuma restrição existe a que se confira ao relator, que também é um dos órgãos do tribunal, poderes para julgar monocraticamente qualquer espécie de recurso, nem mesmo se exigindo possibilidade de recurso para órgão colegiado (ARENHART, Sérgio Cruz. A nova postura do relator no julgamento dos recursos. *RePro* n. 103, São Paulo, p. 37-58, 2001). No mesmo sentido: MANCUSO. Rodolfo de Camargo. *Recurso extraordinário e Recurso Especial.* 10. ed. São Paulo: Revista dos Tribunais, 2009, p. 188-189.

[66] Em sentido contrário pensa Tesheiner, para quem "a Constituição não constituiu tribunais, órgãos colegiados, para que funcionem monocraticamente. Ao conferir atribuições ao relator,

competências não podem ser 'delegadas', uma vez que o poder de julgar não pertence ao juiz, mas ao Estado – cumprindo a este, mediante legislação pertinente, atribuir o exercício da jurisdição aos ocupantes dos cargos ali indicados".[67] E não se encontram normas delegando[68] esta ou aquela competência ao relator, mas sim lhe atribuindo, verdadeiramente, competência para julgar, como ocorre na hipótese do art. 557.[69]

Desta forma, não há qualquer afronta ao princípio do juiz natural,[70] porquanto o exame da questão terá sido realizado pelo órgão previamente definido como competente para tanto: o tribunal, presentado pelo relator.

Com efeito, "o relator – como órgão individualizado do tribunal – exerce competência funcional para julgamento de recursos, competência esta advinda da lei. Daí a conclusão: o relator é o juiz natural, quando julga antecipadamente o recurso, com fundamento no art. 557 do CPC".[71]

Ademais, o § 1º do art. 557 prevê a possibilidade de recurso ao órgão colegiado do qual faz parte o relator, esvaziando qualquer alegação de inconstitucionalidade que se baseasse em afronta ao

---

a lei ou o regimento interno não retiram, do respectivo órgão colegiado, qualquer competência." (TESHEINER, José Maria Rosa. *Recurso das decisões do relator*. [S.l.: s.n, 200-a]. Disponível em: <http://www.tex.pro.br>. Acesso em: 10 nov. 2005). Também: ALMEIDA, José Antônio. *Agravo interno e ampliação dos poderes do relator*: aspectos polêmicos e atuais dos recursos e outros meios de impugnação às decisões judiciais. São Paulo: Revista dos Tribunais, 2003, v. 7, p. 375-435; MOREIRA, José Carlos Barbosa. *Comentários ao código de processo civil*. 14. ed. Rio de Janeiro: Forense, 2008, v. 5, p. 680.

[67] DINAMARCO, Cândido Rangel. *Instituições de direito processual civil*. São Paulo: Malheiros, 2001, v. 1, p. 327.

[68] E, consoante refere De Plácido e Silva, "A delegação pública, conferida a autoridades ou aos poderes públicos, é sempre autorizada pela própria lei, em virtude de princípio instituído no Direito Constitucional. E se indica a soma de poderes atribuídos a um poder ou autoridade pública para desempenho de suas funções políticas ou administrativas" (DE PLÁCIDO E SILVA. *Vocabulário jurídico*. Ed. eletrônica. São Paulo: Forense, 1999. verbete "delegação").

[69] ASSIS, Araken de. *Introdução aos sucedâneos recursais*: aspectos polêmicos e atuais dos recursos e outros meios de impugnação às decisões judiciais. São Paulo: Revista dos Tribunais, 2002, p. 13-60.

[70] Na atual Constituição o princípio é extraído da interpretação do inciso XXXVII do art. 5º, que preceitua que "Não haverá juízo ou tribunal de exceção" e também da exegese do inciso LIII, que reza: "Ninguém será processado nem sentenciado senão pela autoridade competente". Completam o arcabouço de consagração do princípio as garantias outorgadas aos juízes de vitaliciedade, inamovibilidade e irredutibilidade de subsídios, previstas no caput do art. 95 da Constituição Federal (PEÑA, Eduardo Chemale Selistre. *O Princípio do juiz natural*. [S.l.: s.n, 200-]. Disponível em: <http:\\www.tex.pro.com.br>. Acesso em: 6 de maio 2006).

[71] CARVALHO, Fabiano. *Poderes do relator nos recursos – Art. 557 do CPC*. São Paulo: Saraiva, 2008, p. 54.

princípio do juiz natural,[72] já que, inegavelmente, não será extraída daquele que se sentir injustiçado a possibilidade de levar o caso à sessão de julgamento na qual se farão presentes os outros membros da câmara ou turma.[73]

---

[72] O STF afirma a constitucionalidade do julgamento monocrático, em razão de haver possibilidade de recurso que conduza a questão ao órgão colegiado. Neste sentido: [...] PODERES PROCESSUAIS DO MINISTRO-RELATOR E PRINCÍPIO DA COLEGIALIDADE. – Assiste, ao Ministro-Relator, competência plena, para, com fundamento nos poderes processuais de que dispõe, exercer, monocraticamente, o controle de admissibilidade das ações, pedidos ou recursos dirigidos ao Supremo Tribunal Federal. Cabe-lhe, em conseqüência, poder para negar trânsito, em decisão monocrática, a ações, pedidos ou recursos, quando incabíveis, intempestivos, sem objeto ou, ainda, quando veicularem pretensão incompatível com a jurisprudência predominante na Suprema Corte. Precedentes. – O reconhecimento dessa competência monocrática, deferida ao Relator da causa, não transgride o postulado da colegialidade, pois sempre caberá, para os órgãos colegiados do Supremo Tribunal Federal (Plenário e Turmas), recurso contra as decisões singulares que venham a ser proferidas por seus Juízes (STF-Pleno, AgRg no MS 27216/RJ, Rel. Min. Celso de Melo, j. 18.09.2008). Na mesma linha é o entendimento do STJ: PROCESSUAL CIVIL. AGRAVO INTERNO. DECISÃO SINGULAR DO RELATOR. APRECIAÇÃO PELO ÓRGÃO COLEGIADO. EXIGIBILIDADE. EMBARGOS DE DECLARAÇÃO. PREQUESTIONAMENTO. MULTA. NÃO CABIMENTO. 1. A apreciação postecipada do órgão colegiado confere constitucionalidade ao art. 557, do CPC. Nesse sentido, a doutrina do tema: "Enquanto a CF disciplina a atividade dos tribunais superiores, notadamente o STF e o STJ, cabe ao CPC regular os poderes do relator nos tribunais federais e estaduais, de sorte que as atribuições conferidas ao relator pela norma comentada encontram-se em harmonia com os sistemas constitucional e processual brasileiros. A constitucionalidade da norma é de ser reconhecida, inclusive porque o CPC 557, § 1º, torna a decisão monocrática do relator recorrível para o órgão colegiado". (Nelson Nery Júnior. *Código de Processo Civil Comentado*, 9. ed. p. 815). 2. O poder conferido ao relator, pela novel sistemática do CPC, visa desestimular o abuso do direito de recorrer, mercê de autorizar o relator a evitar que se submeta ao ritualismo do julgamento colegiado causas manifestamente insustentáveis. Mantendo o princípio do duplo controle de admissibilidade, a lei concede recurso dessa decisão do relator, denominando-o de agravo, a ser apreciado pelo órgão competente para o julgamento do recurso. (Fux, Luiz. *Curso de Direito Processual Civil*. 3. ed. p. 965). 3. O agravo regimental ou agravo interno é o recurso servil à retratação da decisão monocrática, ou exame pelo colegiado, de quem não pode ser suprimido o conhecimento, sob pena de violação ao princípio do devido processo legal. Precedentes: REsp 727090/RJ, Rel. Ministro FERNANDO GONÇALVES, DJ 25/02/2008; MS 8093/DF, Rel. Ministra ELIANA CALMON, CORTE ESPECIAL, DJ 21.10.2002; REsp 431.307/MS, Rel. Ministro BARROS MONTEIRO, DJ 10.03.2003; RMS 16.150/DF, Rel. Ministro CASTRO FILHO, DJ 28.10.2003 4. As decisões judiciais nos Tribunais, como regra, deverão ser proferidas por seus órgãos colegiados. Os princípios da celeridade e economia processual apontam as hipóteses em que os recursos podem receber decisões monocráticas do relator, que age como delegado do órgão colegiado. Por isso que é defeso ao relator suprimir da apreciação colegiada, por mais inadmissível que sejam as fundamentações do recurso interposto. 5. Recurso especial provido, para determinar o retorno dos autos à instância de origem, para que o agravo regimental seja apreciado pelo órgão colegiado (STJ-1ª Turma, REsp 1084437-RJ, Rel. Min. Luiz Fux, j. 12.05.2009).

[73] Sérgio Cruz Arenhart critica as decisões do STF que condicionam a constitucionalidade do julgamento monocrático à possibilidade de recurso ao colegiado. Refere que "é, no mínimo, curiosa esta decisão. Isto porque, ao que parece – e não obstante venha rechaçar qualquer argumentação no sentido da inconstitucionalidade da nova previsão – suas conclusões conflitam diretamente com o fundamento aqui utilizado. Afinal, se efetivamente não há (como de fato é o que parece) qualquer determinação que imponha o julgamento de recursos por órgãos colegiados, então fica sem sentido a advertência do julgado, no sentido de que não existiria inconstitucionalidade quando houvesse a possibilidade de que a decisão do relator

De outro lado, a norma está em plena consonância com o processo civil moderno, que tem como tendência aumentar os poderes do juiz e diminuir o número de recursos.

É o triunfo de uma justiça célere e firme sobre a necessidade de uma justiça boa, mas lenta.[74] E, ainda que se possa questionar ou não concordar com isso, é assim que se passam as coisas hoje, relevando anotar que nem sempre são da forma por nós desejadas.

Há que ter cautela para não confundir o que é, com o que almejaríamos que fosse. Nada impede, contudo, as críticas e sugestões de *lege ferenda*.

### 3.1.3. Hipóteses que autorizam o julgamento monocrático

Retomando o texto do *caput* do art. 557, cumpre examinar cada uma das hipóteses que dão ensejo à negativa de seguimento, assim como ao provimento de plano do recurso pelo relator.

Menciona, o art. 557, quatro classes de recursos: inadmissíveis, improcedentes, prejudicados e contrários à súmula ou à jurisprudência dominante do tribunal competente para o julgamento, do Supremo Tribunal Federal ou de tribunal superior.

Como já se disse alhures, todas essas qualificações são precedidas pelo advérbio "manifestamente", que se faz presente com o intuito de, limitando o poder do relator, exigir que para a negativa de seguimento sejam elas flagrantes, inequívocas, verificáveis ao primeiro contato.

A negativa de seguimento, como já se disse, abarca hipóteses que são de não conhecimento do recurso, assim como casos de improvimento.[75]

---

pudesse ser revista pela corte. Ora, ou não existe óbice constitucional ao julgamento monocrático do recurso pelo relator, ou existe esta restrição (caso em que realmente não poderia prescindir do reexame do julgamento, *em qualquer hipótese*, pelo colegiado original) e, mais que isto, a delegação desta função ofenderia, diretamente, a proibição constitucional, ainda que se previsse, desta atribuição, reexame da matéria pelo órgão originário. Esta última orientação, que parece ter sido adotada pelo STF no caso narrado, poderia ser comparada à hipótese em que se previsse a possibilidade de um Juiz do Trabalho julgar as causas submetidas à Justiça Comum, desde que se autorizasse recurso desta sua deliberação para o Juiz de Direito" (ARENHART, Sérgio Cruz. A nova postura do relator no julgamento dos recursos. *RePro*, n. 103, São Paulo, p. 37-58, 2001).

[74] COUTURE. Eduardo J. *Fundamentos del derecho procesal civil*. 4. ed. Montevideo, Buenos Aires: B de F, 2004.

[75] PONTES DE MIRANDA, Francisco Cavalcanti. *Comentários ao Código de Processo Civil*. Rio de Janeiro: Forense, 2000, t. VIII, arts. 539 a 565, p. 226-227; DINAMARCO, Cândido Rangel. *A reforma da reforma*. São Paulo: Malheiros, 2002, p. 183.

O recurso manifestamente inadmissível, assim como o prejudicado, na melhor técnica, não é conhecido. O recurso manifestamente improcedente ou em contraste com súmula ou com jurisprudência, "salvo se estas forem pertinentes à admissibilidade", é desprovido.[76]

Inadmissível é o recurso que não preenche qualquer um dos pressupostos recursais, sejam intrínsecos ou extrínsecos. Assim, deve ter seguimento negado o recurso intempestivo, incabível, deserto, interposto por parte ilegítima, deficientemente instruído e todos mais que receberiam julgamento de não conhecimento se viessem a ser julgados pelo órgão colegiado.

Improcedente, por sua vez, é o recurso quando o recorrente carece de razão no mérito, "isto é, quando infundados os motivos por que impugna decisão recorrida".[77] Assim, sendo a pretensão posta no recurso flagrantemente contrária à norma jurídica aplicável à hipótese, há que reconhecer a sua improcedência. Isso ocorre quando a doutrina ou a jurisprudência pacificamente interpreta a norma de forma contrária à pretensão do recorrente.[78]

Prejudicado fica o recurso que perdeu o objeto, ou seja, aquele que não mais tem utilidade para o recorrente, caindo no vazio.[79] Tal hipótese é comum em relação ao agravo de instrumento, já que pode haver reconsideração da decisão agravada por parte do juiz *a quo*, ocorrendo o desaparecimento superveniente do interesse recursal. Prejudicado fica também o recurso do qual se desistiu.

Por fim, tem-se a hipótese de recurso "em confronto com súmula ou com jurisprudência dominante do respectivo tribunal, do Supremo Tribunal Federal, ou de Tribunal Superior".

Tal hipótese requer maior atenção, diante das peculiaridades que apresenta.

Por muito tempo afirmou-se que, embora a lei sugira imperatividade, não está o relator obrigado a adotar o entendimento defendido majoritariamente no Tribunal em que atua ou em tribunais

---

[76] PONTES DE MIRANDA, Francisco Cavalcanti. *Comentários ao Código de Processo Civil*. Rio de Janeiro: Forense, 2000, t. VIII, arts. 539 a 565, p. 226-227.

[77] MOREIRA, José Carlos Barbosa. *Comentários ao código de processo civil*. 8. ed. Rio de Janeiro: Forense, 1999, v. 5, p. 645.

[78] PONTES DE MIRANDA, Francisco Cavalcanti. *Comentários ao Código de Processo Civil*, Rio de Janeiro: Forense, 2000, t. VIII, arts. 539 a 565, p. 227.

[79] Assim: BERMUDES, Sérgio. *A reforma do código de processo civil*. 2. ed. São Paulo: Saraiva, 1996, p. 122.

superiores e nem mesmo o exprimido por súmula, já que estas não detinham efeito vinculante para os demais juízes.[80]

Ocorre que após a EC 45/2004, o nosso ordenamento passou a admitir a existência de súmulas vinculantes, de tal sorte que o entendimento anteriormente defendido pela doutrina há que ser lido com ressalvas: quando se tratar de súmula editada sem as formalidades exigidas para a súmula vinculante,[81] permanecerá válida a lição da doutrina anterior. De outra sorte, tratando-se de súmula que ganhe o *status* de vinculante, a sua adoção passa a obrigar a todos os julgadores.

Por outro lado, no que tange à súmula impeditiva de recursos, criada pela Lei 11.276/06, como foi reservada apenas ao recurso de apelação (art. 518, § 1º), em nada alterará a interpretação do indigitado artigo.

No que concerne ao julgamento monocrático com amparo em jurisprudência majoritária do tribunal do qual faz parte o relator, malgrado a leitura da lei conduza ao pensamento de que se deva levar em conta o entendimento de todos os órgãos jurisdicionais da Corte, não parece esta a melhor interpretação.

Com efeito, o que quer a lei é possibilitar que o relator antecipe o julgamento de um recurso que já se sabe de antemão que solução teria se viesse a ser julgado pela Câmara ou Turma; ou seja, como afirmou o STJ,[82] a aplicação do art. 557 supõe que o julgador ao, isoladamente, negar seguimento ao recurso, confira à parte prestação jurisdicional equivalente a que seria concedida acaso o processo fosse julgado pelo órgão colegiado.

Tal pensamento deu origem ao princípio da jurisdição equivalente, que tem sido defendido em alguns tribunais.[83]

Assim, não há razão de se exigir o paralelismo com a jurisprudência dominante de todo o tribunal, mas simplesmente do órgão

---

[80] Assim: ALLA, Valentina Jungmann Cintra. *O recurso de agravo e a Lei 9.139, de 30.11.1995.* São Paulo: Revista dos Tribunais, 1998, p. 143.

[81] Consoante o art. 103-A da Constituição Federal, a súmula vinculante, para ser aprovada, depende dos votos de dois terços dos membros do STF. De outro lado, as súmulas já existentes somente produzirão efeitos vinculante após sua confirmação por dois terços dos Ministros do STF.

[82] STJ, 1ª Turma, REsp 517358/RN, rel. Min. Luiz Fux, j. 04.09.2003.

[83] Neste sentido, *v.g.*: STJ, 1ª Turma, REsp 517358/RN, Luiz Fux, relator, j. 04.09.2003; TJRS, 1ª Câmara Cível, Agravo Interno 70008100133, Rel. Des. Irineu Mariani, j. 10.03.2004; Agravo nº 70006271092, 12ª Câmara Cível, TJRS, Rel. Des. Carlos Eduardo Zietlow Duro, j. 15.10.2003; TJRS, Agravo Interno 70002490720, 4ª Câmara Cível, TJRS, Rel. Des. João Carlos Branco Cardoso, j. 09.05.2001.

que iria julgar o recurso caso ele tivesse seguimento, que, aliás, será o órgão competente para o julgamento de eventual agravo interno que venha a ser interposto. Afinal, este órgão é o próprio Tribunal naquele julgamento.

*3.1.4. Recursos que admitem o julgamento monocrático*

Nada obstante o art. 557 não excluir de sua incidência qualquer recurso, há que fazer ressalvas à sua aplicação, ora em respeito à coerência, ora para garantir a harmonia do sistema recursal.

Com efeito, não parece adequado o julgamento unipessoal do agravo interno[84] – recurso cabível justamente para impugnar a decisão monocrática –, porquanto configuraria flagrante cerceamento de defesa, ferindo o princípio constitucional do contraditório e da ampla defesa. Assim, descabido ao relator negar seguimento ao agravo interno, ainda que verifique, por exemplo, ausência de um pressuposto de admissibilidade, como, *v.g.*, a tempestividade. Adequado, nestes casos, levar o recurso para que o órgão colegiado o examine e, se for o caso, não o conheça.[85]

Destarte, "ao relator que integra o corpo julgador do agravo interno compete apenas exercer o juízo de retratação. Não ocorrendo tal juízo, apresentará o recurso em mesa, proferindo o voto. Em outras palavras, conclui-se que escapam ao relator as matérias atinentes ao juízo de admissibilidade e ao juízo de mérito do agravo interno".[86]

---

[84] Neste sentido: MOREIRA, 1999, v. 5, p. 645; SLAIB FILHO, Nagib. Notas sobre o art. 557 do CPC (competência do relator de prover e de negar seguimento a recurso). *Revista Forense*, Rio de Janeiro, v. 98. n. 361, p. 95-107, maio/jun. 2002; CARNEIRO, 2000, p. 9; CAMBI, op cit., p. 13-23.

[85] Assim: "[...] 3. O agravo regimental ou agravo interno é o recurso servil à retratação da decisão monocrática, ou exame pelo colegiado, de quem não pode ser suprimido o conhecimento, sob pena de violação ao princípio do devido processo legal. Precedentes: REsp 727090/RJ, Rel. Ministro FERNANDO GONÇALVES, DJ 25.02.2008; MS 8093/DF, Rel. Ministra ELIANA CALMON, CORTE ESPECIAL, DJ 21.10.2002; REsp 431.307/MS, Rel. Ministro BARROS MONTEIRO, DJ 10.03.2003; RMS 16.150/DF, Rel. Ministro CASTRO FILHO, DJ 28.10.2003 4. As decisões judiciais nos Tribunais, como regra, deverão ser proferidas por seus órgãos colegiados. Os princípios da celeridade e economia processual apontam as hipóteses em que os recursos podem receber decisões monocráticas do relator, que age como delegado do órgão colegiado. Por isso que é defeso ao relator suprimir da apreciação colegiada, por mais inadmissível que sejam as fundamentações do recurso interposto. 5. Recurso especial provido, para determinar o retorno dos autos à instância de origem, para que o agravo regimental seja apreciado pelo órgão colegiado". (STJ-1ª Turma, REsp 1084437-RJ, Rel. Min. Luiz Fux, j. 12.05.2009, DJ 03.06.2009). Também: STJ-Corte Especial, MS 8.093-DF, rel. Min. Eliana Calmon , j. 15.05.2002, DJU 21.10.2002, p. 263.

[86] CARVALHO, Fabiano. *Poderes do relator nos recursos – art. 557 do CPC*. São Paulo: Saraiva, 2008, p. 186.

Também inaplicável a regra para o julgamento do mérito dos embargos de declaração opostos de acórdão, tendo em vista que "compete ao órgão judiciário que proferiu o provimento embargado julgar o recurso. Só o autor do ato poderá explicá-lo ou complementá-lo a contento".[87] Ademais, determina o art. 537, *in fine*, que "o relator apresentará o processo em mesa".[88]

De outro lado, nada obstante a norma do art. 537, *in fine*, não parece em consonância com o princípio da economia processual se vedar o julgamento monocrático dos embargos de declaração quando se verificar a ausência de um dos pressupostos de admissibilidade, ou seja, quando se verificar que é o caso de não conhecimento do recurso por ser ele prejudicado ou manifestamente inadmissível.[89]

Importa, todavia, ressaltar que, se os embargos de declaração forem opostos da decisão unipessoal, caberá apenas ao relator examinar e decidir o recurso, sendo de todo equivocado levá-lo a julgamento no colegiado.[90]

Não cabe, outrossim, por óbvias razões, o julgamento do mérito dos embargos infringentes pelo relator com amparo no art. 557. "Representaria grave e flagrante contrassenso atribuir-lhe competência para decidir se a tese do voto vencido, talvez de sua autoria, contrasta ou não com a jurisprudência dominante".[91]

As ações impugnativas autônomas (rescisória, mandado de segurança e *habeas corpus*), por não se tratarem de recursos, não podem ser julgadas individualmente pelo relator com amparo no art. 557. Isto não impede, todavia, que o relator, agindo como o juiz da causa, indefira a inicial, nas hipóteses autorizadas pela lei, como, *v.g.*, as do art. 295 e 490.[92]

---

[87] ASSIS, Araken de. *Manual dos Recursos*. 2. ed. São Paulo: Revista dos Tribunais, 2008, p. 632.

[88] Barbosa Moreira utiliza o argumento do texto legal para sustentar o descabimento do julgamento monocrático dos embargos em qualquer hipótese (MOREIRA, José Carlos Barbosa. *Comentários ao código de processo civil*. 14. ed. Rio de Janeiro: Forense, 2008, v. 5, p. 681).

[89] CARVALHO, Fabiano. *Poderes do relator nos recursos – art. 557 do CPC*. São Paulo: Saraiva, 2008, p. 257-258.

[90] Inadequado o proceder de alguns tribunais, a exemplo do STF (1ª Turma, Edcl no AI 335.836-SP, Rel. Min. Moreira Alves) que, sob o argumento da fungibilidade, recebem os embargos de declaração opostos contra decisão monocrática como agravo interno ou regimental e julgam-no diretamente no órgão colegiado. Neste sentido: CARVALHO, Fabiano. *Poderes do relator nos recursos – art. 557 do CPC*. São Paulo: Saraiva, 2008, p. 256.

[91] ASSIS, Araken de. *Manual dos Recursos*. 2. ed. São Paulo: Revista dos Tribunais, 2008, p. 277.

[92] Ibidem, p. 278.

Há que ressalvar, contudo, as ações impugnativas autônomas de competência originária do STF e do STJ, tendo em vista que o art. 38 da Lei 8.038/90 autoriza o relator, nestes tribunais, a negar seguimento a *pedido* ou recurso manifestamente intempestivo, incabível ou improcedente, ou, ainda, que contrariar, nas questões predominantemente de direito, Súmula do respectivo Tribunal. Destarte, a norma autoriza expressamente o julgamento unipessoal também de ações originárias.[93]

De outro lado, a norma, nos termos da Súmula 253 do STJ, alcança o reexame necessário (art. 475).

Plenamente cabível, outrossim, o julgamento unipessoal dos recursos extraordinário e especial.[94]

Aliás, diversas normas que convivem no sistema concedem ao relator dos recursos extraordinário e especial poderes para o julgamento monocrático. Além do art. 557, *caput* e § 1º-A, e do art. 38 da Lei 8.038/90, já referidos, também o art. 21, §§ 1º e 2º, do RISTF (com a redação dada pela ER 21 de 2007),[95] autoriza que o relator de recurso especial ou extraordinário julgue sem a companhia dos seus pares em determinados casos.[96]

---

[93] O STF admite que também em relação às ações e aos pedidos, o relator tem poder de julgar de forma monocrática. Neste sentido: "[...] PODERES PROCESSUAIS DO MINISTRO-RELATOR E PRINCÍPIO DA COLEGIALIDADE. – Assiste, ao Ministro-Relator, competência plena, para, com fundamento nos poderes processuais de que dispõe, exercer, monocraticamente, o controle de admissibilidade das ações, pedidos ou recursos dirigidos ao Supremo Tribunal Federal. Cabe-lhe, em conseqüência, poder para negar trânsito, em decisão monocrática, a ações, pedidos ou recursos, quando incabíveis, intempestivos, sem objeto ou, ainda, quando veicularem pretensão incompatível com a jurisprudência predominante na Suprema Corte. Precedentes. – O reconhecimento dessa competência monocrática, deferida ao Relator da causa, não transgride o postulado da colegialidade, pois sempre caberá, para os órgãos colegiados do Supremo Tribunal Federal (Plenário e Turmas), recurso contra as decisões singulares que venham a ser proferidas por seus Juízes (STF-Pleno, AgRg no MS 27216/RJ, Rel. Min. Celso de Melo, j. 18.09.2008)".

[94] ARRUDA ALVIM, Eduardo. *Direito Processual Civil*. 2. ed. São Paulo: Revista dos Tribunais, 2008, p. 938.

[95] Dispõe o § 1º do art. 21 do RISTF (com a redação dada pela ER 21 de 2007) que "poderá o(a) Relator(a) negar seguimento a pedido ou recurso manifestamente inadmissível, improcedente ou contrário à jurisprudência dominante ou a *Súmula* do Tribunal, deles não conhecer em caso de incompetência manifesta, encaminhando os autos ao órgão que repute competente, bem como cassar ou reformar, liminarmente, acórdão contrário à orientação firmada nos termos do art. 543-B do Código de Processo Civil". O § 2º, por sua vez, preceitua: "Poderá ainda o Relator, em caso de manifesta divergência com a *Súmula*, prover, desde logo, o recurso extraordinário".

[96] No STJ, como lembram Didier e Carneiro da Cunha, "cabe ao Presidente, antes da distribuição, negar seguimento a recurso especial manifestamente inadmissível, prejudicado ou em confronto com súmula ou jurisprudência dominante no tribunal. Cabe-lhe, também antes da distribuição, dar provimento a recurso especial, se o acórdão recorrido estiver em confronto com súmula ou jurisprudência dominante do tribunal. É o que estabelece a Resolução nº 03, de 17 de abril de 2008, do STJ". Assim, antes de chegar ao Relator o recurso, o Presiden-

As hipóteses que admitem o julgamento monocrático dos recursos excepcionais são as mesmas aplicáveis aos demais recursos. Isto é, o Ministro Relator do Recurso Extraordinário ou Especial – não sendo ocioso lembrar que não fica vinculado ao juízo de admissibilidade realizado pelo tribunal *a quo* – poderá negar seguimento a recurso manifestamente inadmissível, improcedente, prejudicado ou em contraste com súmula do STF ou de Tribunal Superior. De outro lado, poderá dar provimento a recurso quando verificar que a decisão recorrida está em manifesto contraste com súmula ou com jurisprudência do Supremo Tribunal Federal, ou de Tribunal Superior.

Contudo, no que tange à negativa de seguimento e ao provimento de plano com amparo em jurisprudência majoritária, releva anotar que, em se tratando de recursos excepcionais, esta, certamente, não poderá ser dos tribunais locais. Com efeito, como a função de uniformizar a interpretação do direito é dos tribunais de superposição, órgãos máximos da hierarquia judiciária,[97] os precedentes a serem observados são os do próprio STF, quando envolver questão constitucional, e do STJ, em caso de matéria infraconstitucional.

No que tange ao agravo de instrumento cabível contra a decisão (e não despacho, como insistem alguns tribunais) de inadmissão dos recursos extraordinário e especial (art. 544), há norma expressa admitindo o julgamento unipessoal.

Com efeito, o § 3º do art. 544, dispõe que o relator poderá: a) se o acórdão recorrido estiver em confronto com a súmula ou jurisprudência dominante do Superior Tribunal de Justiça, conhecer do agravo para dar provimento ao próprio recurso especial ou b) se o instrumento contiver os elementos necessários ao julgamento do mérito, determinar sua conversão, observando-se, daí em diante, o procedimento relativo ao recurso especial. O § 4º do mesmo dispositivo, por sua vez, estende ao relator do recurso extraordinário os mesmos poderes concedidos ao relator no Recurso Especial.

### 3.1.5. Momento adequado para o julgamento monocrático

Um dos ideais do processo é lograr estruturar procedimentos com os quais se obtenha o máximo rendimento, com o mínimo dis-

---

te poderá já ter julgado o recurso (DIDIER JR., Fredie; CUNHA, Leonardo José Carneiro da. *Curso de Direito Processual Civil*. 7. ed. Salvador: Podium, 2009, v. 3, p. 291).

[97] CARVALHO, Fabiano. *Poderes do relator nos recursos – art. 557 do CPC*. São Paulo: Saraiva, 2008, p. 153.

pêndio de esforço, tempo e dinheiro".[98] Extrai-se tal substância do princípio informativo econômico ou da economia processual.[99]

Com efeito, os procedimentos devem ser estruturados de forma a render o máximo, com a menor atividade possível, tudo para a maior celeridade da atividade judicial.

Em observância a esse princípio, a doutrina tem afirmado ser descabido o julgamento unipessoal quando já praticados atos incompatíveis com os princípios que estruturam o art. 557, notadamente celeridade, economia e efetividade.[100]

A ocasião apropriada para que o relator negue seguimento, ou dê provimento de plano ao recurso, é a que segue à conclusão dos autos, para o seu exame.[101]

No que tange ao agravo de instrumento, em que pese a lei não vedar o julgamento monocrático em outros momentos que não o imediatamente posterior à conclusão, como após o aporte das contrarrazões ou das informações do magistrado *a quo*, tal forma de proceder atenta contra o princípio da economia processual e em nada contribui para a redução da atividade do órgão colegiado, objetivo maior da norma.[102]

Explica-se: por exemplo, a grande maioria dos recursos de agravo de instrumento, mormente após a alteração que o reservou apenas para casos urgentes, contém pedidos de atribuição de efeito suspensivo. De tal sorte, se o relator entender por não julgar de plano o recurso – seja para negar seguimento, seja para dar provimento –, deverá imediatamente examinar o pedido de efeito suspensivo, que recomenda urgência. Fazendo isso, os autos devem ser encaminhados à Secretaria da Câmara ou Turma, para que se proceda a intimação dos advogados das partes. Posteriormente, o

---

[98] ARRUDA ALVIM, José Manuel. Princípios fundamentales y formativos del procedimiento civil brasileño. *Revista de Processo*, v. 38, 1985, p. 103.

[99] PORTANOVA, Rui. *Princípios do processo civil*. 6. ed. Porto Alegre: Livraria do Advogado, 2005, p. 24.

[100] Neste sentido: CARVALHO, Fabiano. *Poderes do relator nos recursos – art. 557 do CPC*. São Paulo: Saraiva, 2008, p. 77.

[101] MOREIRA, José Carlos Barbosa. *Comentários ao código de processo civil*. 14. ed. Rio de Janeiro: Forense, 2008, v. 5, p. 683; CARVALHO, Fabiano. *Poderes do relator nos recursos – art. 557 do CPC*. São Paulo: Saraiva, 2008, p. 76.

[102] Didier e Carneiro da Cunha, em sentido contrário, afirmam que, para dar provimento ao recurso, necessário que tenha o recorrido apresentado a sua resposta ou, ao menos, intimado para tanto, "sob pena de ofender o princípio do contraditório". O problema surge especialmente no agravo de instrumento, já que na apelação, assim como na maioria dos recursos, o contraditório é estabelecido no órgão *a quo*, antes de o recurso chegar ao relator (DIDIER JR., Fredie; CUNHA, Leonardo José Carneiro da. *Curso de Direito Processual Civil*. 7. ed. Podium: Salvador, 2009, v. 3, p. 529).

recurso retorna ao relator que, em tese, poderia julgar-lhe em decisão monocrática. Ocorre que desta decisão ainda caberá recurso de agravo interno (art. 557, § 1º). De tal sorte, alcançando este ponto, é mais conveniente levar o agravo à mesa, para julgamento colegiado, eliminando a possibilidade de interposição de mais outro recurso ao próprio órgão julgador.

No que concerne à apelação, de sua vez, afronta o princípio da economia processual fazer o relator a exposição dos pontos controvertidos, encaminhar os autos ao revisor e só após este estudá-los, chamá-los à conclusão para proferir a decisão unipessoal.

### 3.1.6. Motivação da decisão monocrática do relator

A decisão do relator de negativa de seguimento ou de provimento de plano – assim como todo e qualquer pronunciamento judicial capaz de gerar prejuízo – há de ser, obviamente, fundamentada, em obediência ao preceito constitucional (art. 93, IX, da CRFB).

A motivação das decisões de um lado assegura à parte conhecer as razões pelas quais decidiu o julgador de determinada forma, contribuindo para a conformidade ou permitindo a adequada e coerente impugnação; de outro, é garantia contra o arbítrio que desprestigiaria o Judiciário.

Deverá estar explicitado na decisão por quais razões se concluiu que o recurso é inadmissível ou improcedente. Na hipótese de se alegar contrariedade à jurisprudência majoritária, devem ser referidos, ainda que exemplificativamente, os julgados utilizados como parâmetro.[103]

Destarte, "o relator não poderá usar fórmulas como: 'nego seguimento ao recurso, porque manifestamente inadmissível', ou, então, 'dou provimento ao recurso, porque a decisão recorrida está em divergência com a jurisprudência dominante do Tribunal Superior'. Todas são formas artificiais suficientes para torná-las inválidas".[104]

Contudo, tratando-se de adoção de súmula, a motivação poderá ser bastante singela. "A noção de súmula é objetiva, motivo por que bastará ao relator indicar, na motivação do provimento, o nú-

---

[103] MOREIRA, José Carlos Barbosa. *Comentários ao código de processo civil*. 8. ed. Rio de Janeiro: Forense, 1999, v. 5, p. 647.
[104] CARVALHO, Fabiano. *Poderes do relator nos recursos – art. 557 do CPC*. São Paulo: Saraiva, 2008, p. 80.

mero do verbete – a transcrição do texto é supérflua –, assinalando a adequação e a compatibilidade com a espécie sob julgamento".[105]

A ausência de fundamentação, sempre é bom recordar, nulifica a decisão.[106]

### 3.1.7. Impugnação do julgamento monocrático pelo relator

A decisão do relator que julga de forma unipessoal o recurso abre a via impugnatória do agravo interno, previsto no § 1º do art. 557,[107] obrigando o exame da adequação do julgamento monocrático pelo órgão colegiado, que chancelará a decisão, negando provimento ao agravo interno, ou, ao revés, entendendo não se amoldar a hipótese ao permissivo legal, determinará o prosseguimento do recurso.

Impende anotar, todavia, que, nos termos dos §§ 1º e 2º do art. 557 (aplicável também ao agravo previsto pelo art. 545), se o agravo interno for manifestamente inadmissível ou infundado, o tribunal condenará o agravante a pagar multa ao agravado entre 1% e 10% do valor corrigido da causa, ficando a interposição de qualquer outro recurso condicionada ao depósito do respectivo valor.

### 3.2. Fase inicial do procedimento completo

Não sendo caso de julgamento de plano (ou de conversão de regime, no caso do agravo), o relator dará seguimento ao recurso.

O relator, então, examinará o caso e após devolverá os autos à secretaria com seu visto[108] e um relatório que deverá conter a exposição dos pontos controvertidos do recurso (o mesmo é exigido para

---

[105] ASSIS, Araken de. *Manual dos Recursos*. 2. ed. São Paulo: Revista dos Tribunais, 2008, p. 282.

[106] Ibidem, p. 285; CARVALHO, Fabiano. *Poderes do relator nos recursos – art. 557 do CPC*. São Paulo: Saraiva, 2008, p. 82.

[107] Contudo, como alerta Eduardo Arruda Alvim, pode ocorrer de não haver a interposição do recurso e a decisão transitar em julgado. Nesse caso, eventual ação rescisória voltar-se-á contra essa decisão que, nada obstante seja monocrática, é decisão do tribunal e que contém o chamado efeito substitutivo de que trata o art. 512 (ALVIM, Eduardo Arruda. *Direito Processual Civil*. 2. ed. São Paulo: Revista dos Tribunais, 2008, p. 942).

[108] Conforme Pontes de Miranda, "o visto é a comunicação de conhecimento, feita pelo juiz, de que examinou os autos" (PONTES DE MIRANDA, Francisco Cavalcanti. *Comentários ao Código de Processo Civil*. Rio de Janeiro: Forense, 2001, t. VIII, arts. 539 a 565, p. 203). Para Araken de Assis, desnecessário que conste do 'visto' do relator neste momento, porquanto este "constará do relatório, que o art. 549, parágrafo único, designa de 'exposição'. E, de resto, o relator somente restituirá os autos à secretaria com o relatório se lhe couber julgar sozinho a

as causas de competência originária).[109] O RITJRS, em seu art. 170, preceitua que o relatório nos autos deve conter a exposição sucinta da matéria controvertida pelas partes e da que, de ofício, possa vir a ser objeto de julgamento.[110]

Inaplicável a regra aos embargos de declaração, segundo se constata da disposição do art. 537, *in fine*, e ao agravo interno, em razão do que dispõe o art. 557, § 1º.[111] Todavia não se retira de tais disposições, e nem de qualquer outra, a conclusão de que o relatório é dispensável nestas hipóteses.[112]

O Código de Processo Civil não fixa um prazo genérico para esta atividade do relator, sugerindo a doutrina que, quando o regimento interno também for omisso, se utilize por analogia a regra destinada aos embargos infringentes (art. 534, parágrafo único), que prevê o tempo máximo de 15 dias.

O RITJRS, em seu art. 169, XV, determina que o relator lance o relatório nos autos e encaminhe-os ao revisor, quando for o caso, no prazo de trinta dias.

O RITJSP, por sua vez, estipula que o prazo para exame dos autos e elaboração de voto pelo relator e pelo revisor, assim nos recursos, como nos processos originários, quando outro não seja estabelecido em lei, é de sessenta dias (art. 169).

---

apelação, nos termos do art. 557, o que abrevia o procedimento" (ASSIS, Araken de. *Manual dos Recursos*. 2. ed. São Paulo: Revista dos Tribunais, 2008, p. 274).

[109] "Num âmbito moral, serve o relatório, ainda, para mostrar que o juiz leu o processo e fixou-lhe as circunstâncias capitais. Bem haver estudado a causa é uma das condições para bem a julgar" (GUIMARÃES, Mário. *O Juiz e a Função Jurisdicional*. Rio de Janeiro: Forense, 1958, p. 342).

[110] Pontes de Miranda refere que, por se tratar de nulidade não cominada, se houver a ausência de exposição dos pontos controvertidos e não houver qualquer alegação de nulidade, ou tendo esta sido argüida o tribunal entende que a questão esta suficientemente esclarecida, não se decreta a nulidade, sendo aplicável o art. 244 (PONTES DE MIRANDA, Francisco Cavalcanti. *Comentários ao Código de Processo Civil*. Rio de Janeiro: Forense, 2001, t. VIII, arts. 539 a 565, p. 204).

[111] Segundo tais dispositivos, o relator apresentará o recurso em mesa, ou seja, não os encaminhará a secretaria como determina o art. 549.

[112] Neste sentido: MOREIRA, José Carlos Barbosa. *Comentários ao código de processo civil*. 8. ed. Rio de Janeiro: Forense, 1999, v. 5, p. 617.

## 4. Revisão

Segundo dispõe o art. 551,[113] após o relator fazer a exposição dos pontos controvertidos, se for o caso de apelação,[114] embargos infringentes ou ação rescisória, os autos irão conclusos ao revisor.

Na prática, contudo, no mais das vezes, dado o volume de trabalho, a existência de inúmeras causas repetitivas e a evolução da informática, os autos são apenas "virtualmente" encaminhados ao revisor.

Em verdade, o relator encaminha o relatório e o seu projeto de voto ao revisor que apenas solicitará os autos ao gabinete do relator quando sentir necessidade de exame mais acurado do caso. E essa solicitação de autos parece rarear a medida em que a confiança entre os membros do órgão se amplia e que as divergências se harmonizam e os entendimentos se alinham.

Mais uma vez, em prol da agilidade, perde-se em qualidade. Os tribunais cada vez menos são verdadeiramente órgãos colegiados. Isso parece ocorrer apenas em casos de maior importância ou notoriedade ou quando há um acompanhamento muito próximo por parte dos advogados.

Será revisor, nos termos do § 1º do art. 551, o juiz que seguir ao Relator na ordem decrescente de antiguidade no tribunal.[115]

---

[113] Art. 551. Tratando-se de apelação, de embargos infringentes e de ação rescisória, os autos serão conclusos ao revisor. § 1º Será revisor o juiz que se seguir ao relator na ordem descendente de antiguidade. § 2º O revisor aporá nos autos o seu "visto", cabendo-lhe pedir dia para julgamento. § 3º Nos recursos interpostos nas causas de procedimentos sumários, de despejo e nos casos de indeferimento liminar da petição inicial, não haverá revisor.

[114] Parece-nos que também quando se tratar de reexame necessário (art. 475) há de ser observada a regra da revisão, não havendo razão para tratamento diferenciado entre o reexame necessário e a apelação. Neste sentido: MOREIRA, José Carlos Barbosa. *Comentários ao código de processo civil*. 8. ed. Rio de Janeiro: Forense, 1999, v. 5, p. 622.

[115] A antiguidade aí deve ser entendida dentro do tribunal (ou da carreira), e não da turma ou câmara. Numa redistribuição de juízes, é possível que o mais antigo no tribunal seja o mais novo a ingressar na câmara; o que prevalece, todavia, é a antiguidade dentro do tribunal ou

Se o relator, contudo, for o juiz mais novo, será revisor o mais antigo, assim, ao menos, determina o RITJRS em seu art. 173, na ausência de regulamentação pelo Código de Processo Civil.[116] Na mesma linha segue o RITJRJ ao estabelecer em seu art. 34 que "será revisor o Desembargador imediato ao relator na ordem decrescente de antiguidade, seguindo-se ao mais novo o mais antigo".

Destarte, a escolha do revisor não ocorre por sorteio e nem fica ao arbítrio do colegiado, mas se dá por intermédio de critério objetivo, previamente determinado.

Conforme parte da doutrina, aliás, a definição do revisor se dá automaticamente com o sorteio do relator,[117] ou seja, todo relator de tribunal teria seu revisor fixo, que necessariamente atuaria em todos feitos que levasse a julgamento, que exigissem revisão.[118]

Não procedem assim, contudo, diversos tribunais, que optam por deixar a definição da revisão para o momento em que são determinadas as sessões de julgamento e suas composições.

Esta forma de proceder permite que o relator (já que na maioria dos tribunais, ao contrário do que determina o CPC em seus arts. 551, § 2º, e 552, o relator é que indica o dia da pauta), possa, de certa forma, decidir a sorte do julgamento, ao escolher a sessão em que incluirá o feito em pauta, conforme a sua composição. Suponhamos, por exemplo, uma ação de indenização de danos morais decorrentes de atraso no voo. O desembargador "x", relator da apelação, tem entendimento firmado de que nestas hipóteses o dano moral é presumido, decorrendo do próprio fato. Verificando o cronograma de sessões, constata que na sessão do dia "d" será seu revisor o desembargador "y" que, sabidamente, é da opinião que o dano moral, em caso de atraso no transporte, há de ser comprovado. Diante de tal contingência, o desembargador "x", desejoso de ver seu voto preponderar, seja por convicção, seja por vaidade, opta por incluir o recurso na pauta do dia "f", na qual será seu revi-

---

da carreira (FADEL, Sérgio Sahione. *Código de Processo Civil comentado*. Rio de Janeiro: José Konfino, 1974, t. III, p. 204).

[116] Sérgio Sahione Fadel assim já recomendava que fosse a ordem a ser seguida, por consequência lógica (Idem, ibidem). Na mesma linha: PONTES DE MIRANDA, Francisco Cavalcanti. *Comentários ao Código de Processo Civil*. Rio de Janeiro: Forense, 2001, t. VIII, arts. 539 a 565, p. 206.

[117] Assim: MOREIRA, José Carlos Barbosa. *Comentários ao código de processo civil*. 8. ed. Rio de Janeiro: Forense, 1999, v. 5, p. 622. No mesmo sentido: FERREIRA FILHO, Manuel Caetano. *Comentários ao código de processo civil*. São Paulo: Revista dos Tribunais, 2001, v. 7, p. 369.

[118] FERREIRA FILHO, Manuel Caetano. *Comentários ao código de processo civil*. São Paulo: Revista dos Tribunais, 2001, v. 7, p. 369.

sor o desembargador "z", que compactua do mesmo entendimento que o seu.

Conforme o § 3º do art. 551, não haverá revisor nos recursos interpostos nas causas de procedimento sumário, de despejo e nos casos de indeferimento liminar da petição inicial. Por conta do art. 13, § 2º, da Lei Complementar 76/93, não há revisor nos recursos interpostos na desapropriação de imóvel rural, por interesse social, para fins de reforma agrária.[119] Em razão da presumida simplicidade destas causas ou da urgência com que o legislador quis que fossem resolvidas, optou-se por dar preferência à celeridade,[120] ao invés da segurança.

Dispensada a revisão, também, nas apelações interpostas nas execuções fiscais, consoante o art. 35 da Lei 6.830/80, desde que assim preveja o regimento interno do tribunal.[121]

A revisão, consoante afirmou o STJ,[122] poderá ser dispensada, outrossim, nos Tribunais Regionais Federais, desde que a matéria a ser tratada seja exclusivamente de direito e que haja a previsão da dispensa no Regimento Interno. Isto porque a LOMAN, em art. 90, § 1º, se referindo ao Tribunal Federal de Recursos, dispõe que "com a finalidade de abreviar o julgamento, o Regimento Interno poderá também prever casos em que será dispensada a remessa do feito ao revisor, desde que o recurso verse matéria predominantemente de direito".[123]

Como o Tribunal Federal de Recursos foi sucedido pelos Tribunais Regionais Federais, no que não forem incompatíveis, as leis relativas àquele são aplicáveis a estes.[124]

Ratificando tal entendimento, pronunciou o STJ que "nas questões meramente de direito, a ida dos autos ao revisor se afigura burocracia inaceitável, que não resiste a um estudo lógico da finalidade do processo e à aplicação do princípio da instrumentalidade das formas, havendo previsão da dispensa de tal procedimento na Lei Orgânica da Magistratura (LC 35/79) e nos Regimentos Internos dos TRFs, como, por exemplo, o da 1ª ou da 4ª Região".[125]

---

[119] STJ-1ª Turma, REsp 902.431/RS, rel. Min. Denise Arruda, j. 07.08.2007.
[120] FADEL, Sérgio Sahione. *Código de Processo Civil comentado*. Rio de Janeiro: José Konfino, 1974, t. III, p. 204.
[121] DIDIER JR., Fredie; CUNHA, Leonardo José Carneiro da. *Curso de Direito Processual Civil*. 7. ed. Salvador: Podium, 2009, v. 3, p. 533.
[122] STJ-5ª Turma, AgRg no REsp 845.237/DF, rel. Min. Felix Fischer, j. 27.02.2007.
[123] Neste sentido: DIDIER JR., Fredie; CUNHA, Leonardo José Carneiro da. *Curso de Direito Processual Civil*. 7. ed. Salvador: Podium, 2009, v. 3, p. 532.
[124] Ibidem, p. 552.
[125] STJ-2ª Turma, REsp 496.197/PR, Rel. Min. Eliana Calmon, j. 22.03.2005.

Da mesma forma como ocorre para o relator, o Código não fixa um prazo genérico para a revisão e restituição dos autos, sugerindo a doutrina que, quando o regimento interno também for omisso, se utilize por analogia a regra destinada aos embargos infringentes (art. 534, parágrafo único), que prevê o tempo máximo de 15 dias.

O RITJRS, em seu art. 173, § 2º, determina que o revisor restitua os autos em 20 dias com o seu "visto". O mesmo prazo de 20 dias é previsto pelo RITJRJ no § 3º do art. 34, que, contudo, ressalva a possibilidade de a lei ou o próprio regimento estabelecerem prazo diverso para casos específicos.

Ao revisor compete, conforme o § 3º do RITJRS, sugerir medidas ordinárias do processo que tenham sido omitidas, confirmar, completar ou retificar o relatório e, por fim, pedir dia para julgamento, isto é, solicitar ao presidente do órgão colegiado em que será julgado o recurso que inclua o feito na pauta.

A ausência de revisão, nas hipóteses obrigatórias, constitui motivo de nulidade.[126] O mesmo não ocorre na circunstância de se realizar a revisão quando desnecessária. *Quod abundat non nocet.*[127]

Imputa-se à maior complexidade da apelação, dos embargos infringentes e da ação rescisória, a razão da previsão da revisão no curso dos seus procedimentos.[128] Parece mais adequado, contudo, atribuir tal *plus* à maior importância das decisões oriundas do julgamento destes recursos (e ação), por conta dos contornos de definitividade que podem ganhar.

Com efeito, não raro, *v.g.*, o julgamento de um agravo de instrumento oferece tanta ou maior complexidade que o julgamento de uma apelação. Não se olvide, por exemplo, que quase a integralidade das decisões proferidas na execução são impugnáveis por meio do agravo de instrumento, como também o são as decisões que deferem ou indeferem a antecipação de tutela.

---

[126] Assim entendeu o STJ em mais de uma ocasião, como, *v.g*, nos julgamentos dos REsp. 24.218-0/RS, da relatoria do Exmo. Min. Luiz Fux, e 250.106-DF, relator o Exmo. Min. Paulo Galloti. No mesmo sentido: MOREIRA, José Carlos Barbosa. *Comentários ao código de processo civil.* 8. ed. Rio de Janeiro: Forense, 1999, v. 5, p. 623.

[127] Ibidem, p. 623.

[128] PINTO, Nelson. *Código de processo civil interpretado.* Antônio Carlos Marcato (coord.). 3. ed. São Paulo: Atlas, 2008, p. 1860; DIDIER JR., Fredie; CUNHA, Leonardo José Carneiro da. *Curso de Direito Processual Civil.* 7. ed. Salvador: Podium, 2009, v. 3, p. 531.

## 5. Vinculação do juiz que houver aposto "visto" nos autos

Nos termos do § 3º do art. 552, o juiz que houver lançando "visto" nos autos, na qualidade de relator ou na de revisor, ficará vinculado ao processo,[129] tornando-se obrigatória sua participação no julgamento, sob pena de nulidade.[130]

Desta forma, convertido o julgamento em diligência, por exemplo, quando retornar à pauta, deve ser julgado pelos juízes (desembargadores) que houverem aposto o seu "visto" nos autos. Como a vinculação se restringe àqueles julgadores que tiverem lançado o "visto", ou seja, relator e revisor, nada impede que, na hipótese exemplificada, haja participação de juízes diferentes na sequência do julgamento.

A vinculação não cessa em razão de transferência do órgão colegiado, ainda que este tenha competência exclusiva para o julgamento da matéria, sendo mantida desde que continue o juiz no exercício do poder jurisdicional.

A regra, contudo, comporta exceção. Nos casos de força maior, justifica-se a participação no julgamento de outro juiz que não aquele que após seu visto nos autos, não havendo nulidade.

A força maior é o fato imprevisível e inevitável que impeça a participação do juiz naquele julgamento, como o falecimento, a aposentadoria, a investidura em tribunal diverso (v.g., STF ou STJ),[131] a

---

[129] Alguns regimentos internos repetem a norma, como o RITJRS que em seu art. 148, I, preceitua que são Juízes vinculados os que tiverem lançado o relatório ou posto o "visto" nos autos, salvo motivo de força maior.

[130] Assim considerou a 4ª Turma do STJ ao julgar o REsp. 11.035-SC, de relatoria do Exmo. Min. Athos Gusmão Carneiro.

[131] ASSIS, Araken de. *Manual dos Recursos*. 2. ed. São Paulo: Revista dos Tribunais, 2008, p. 299.

licença,[132] a moléstia grave, a superveniência de causa legal de impedimento ou suspeição[133] etc.

Nestes casos há a substituição do relator ou revisor por outro juiz que, por sua vez, após ter acesso aos autos, aporá seu visto.[134]

A vinculação, vale ressaltar, dá-se apenas com relação ao recurso em que efetivamente houve a aposição do visto, não com ulteriores recursos eventualmente interpostos. Assim, *v.g.*, o lançamento do visto na apelação não vincula o revisor aos embargos infringentes.[135]

Veja-se que a indigitada norma não tem qualquer relação com a "vinculação" – que em realidade trata-se do fenômeno da prevenção –, que comumente os regimentos internos estipulam para o julgamento de recursos pertinentes a um mesmo feito.

Com efeito, o fato de um desembargador ter lançado seu visto nos autos de um recurso, seja como relator ou revisor, por si só, o vincula ao julgamento deste, e não para o julgamento de recursos posteriores referentes ao mesmo processo.[136] Pode, contudo, assim determinar o regimento interno, como o faz, por exemplo, o RITJRS que em seu art. 146, V, dispõe que "o julgamento de mandado de segurança, de mandado de injunção, de habeas-corpus, de habeas-data, de correição parcial, de reexame necessário, de medidas cautelares, de embargos de terceiro, de recurso cível ou criminal, mesmo na forma do art. 557 e parágrafo 1º do CPC, e de conflito de competência, previne a competência do Relator para todos os recursos posteriores referentes ao mesmo processo, tanto na ação quanto na execução".

---

[132] FADEL, Sérgio Sahione. *Código de Processo Civil comentado*. Rio de Janeiro: José Konfino Editor, 1974, t. III, p. 205.

[133] MOREIRA, José Carlos Barbosa. *Comentários ao código de processo civil*. 8. ed. Rio de Janeiro: Forense, 1999, v. 5, p. 627.

[134] FADEL, Sérgio Sahione. *Código de Processo Civil comentado*, Rio de Janeiro: José Konfino, 1974, t. III, p. 205.

[135] ASSIS, Araken de. *Manual dos Recursos*. 2. ed. São Paulo: Revista dos Tribunais, 2008, p. 153; BERMUDES, Sérgio. *Comentários ao Código de Processo Civil*. São Paulo: Revista dos Tribunais. 2. ed. 1977, v. 7, p. 379-380, n. 282, p. 374.

[136] A decisão proferida no Conflito de Competência nº 70018964742, do Tribunal Pleno do TJRS, bem explica a situação com o seguinte texto extraído da ementa: PROCESSUAL CIVIL. CONFLITO NEGATIVO DE COMPETÊNCIA. APELAÇÃO CÍVEL. AUSÊNCIA DE PREVENÇÃO OU VINCULAÇÃO DO REVISOR. CORREÇÃO DA DISTRIBUIÇÃO ORIGINÁRIA. PROCEDÊNCIA DO CONFLITO. Cuidando-se de hipótese que não atrai vinculação, a qual se dá apenas para julgamento do mesmo recurso, e tampouco de prevenção, que só se opera em face de Relator, afigura-se correta a distribuição originária efetuada no âmbito da 11ª Câmara Cível. Conflito julgado procedente. (Conflito de Competência nº 70018964742, Tribunal Pleno, Tribunal de Justiça do RS, Relator: Armínio José Abreu Lima da Rosa, Julgado em 02.04.2007).

E é altamente recomendado que os regimentos internos adotem normas assemelhadas a esta do RITJRS, como se demonstra em ponto próprio (Prevenção e conexão nos Tribunais).

## 6. Designação de dia para julgamento e pauta

Restituídos os autos pelo revisor, serão, em seguida, apresentados ao presidente, que designará dia para julgamento, mandando publicar a pauta no órgão oficial. Isto é o que determina o *caput* do art. 552.

Vale aqui novamente a ressalva feita no item 4, supra, de que na prática as coisas passam de forma diversa: os autos, no mais das vezes, sequer saíram do gabinete do relator e menos ainda irão ao gabinete do Presidente. Tudo se dá de forma virtual.

Ademais, em alguns tribunais, é o próprio relator que já indica a sessão em que julgará o feito, limitando-se o presidente a apenas formalizar o ato para que pareça de acordo com o *caput* do art. 552.

De toda sorte, inaplicável o art. 552 aos embargos de declaração, que obedecem à sistemática do art. 537, 2ª parte, e ao agravo interno, que será apresentado em mesa pelo relator, consoante disciplina o art. 557, § 1º.

A pauta de julgamento, nos termos do § 1º do art. 552, deve ser publicada com pelo menos 48 horas de antecedência da sessão de julgamento.[137] Não observado tal prazo, o julgamento será nulo (Súmula 117 do STJ), a menos que as partes compareçam, por seus advogados, espontaneamente, na sessão de julgamento.

Também será nulo o julgamento se houver incorreções na publicação da pauta, como, *v.g.*, omissão do nome do advogado, erro

---

[137] Alguns regimentos estabelecem prazos mais amplos e descem a minúcias. O revogado RITJSP, por exemplo, nada obstante reafirmasse o prazo mínimo de quarenta e oito horas, especificava em seu art. 435, parágrafo único, que "para as sessões que se realizem às segundas e terças-feiras, as pautas serão publicadas, respectivamente, até às quartas e quintas-feiras anteriores; para os julgamentos que devam realizar-se às quartas-feiras, serão publicadas, no máximo, até às sextas-feiras precedentes; para as sessões das quintas e sextas-feiras, as pautas deverão ser publicadas, respectivamente, até às segundas e terças-feiras antecedentes, atendidas, sempre, as normas processuais relativas a dias feriados e assemelhados". Idêntico era o comando do art. 105, parágrafo único, do RITJMT, revogado por Emenda Regimental.

na data da sessão etc.[138] Todavia não se invalidará julgamento quando favorável o resultado ao litigante que tivera seu nome ou o de seu advogado constando de forma equivocada na pauta de julgamento.[139]

A pauta, consoante o § 2º do art. 552, há de ser afixada na entrada da sala em que se realizar a sessão de julgamento. Não há nulidade, contudo, pela mera inobservância de tal determinação, a menos que comprove o advogado que sua ausência na sessão se deu em razão desta omissão.[140]

Por fim, o trânsito em julgado faz precluir a apreciação de qualquer dos defeitos pertinentes à pauta de julgamento; cabendo, entretanto, conforme a hipótese, ação rescisória (art. 485, V).[141]

Em que pese publicada a pauta, designando dia para o julgamento, não haverá nulidade caso este seja adiado para outra sessão,[142] já que se terá respeitado o prazo dilatório.

Com intuito de eliminar qualquer alegação de surpresa, os tribunais costumam fazer conter nas pautas que publicam o aviso de que julgarão os feitos delas constantes e mais os que, incluídos em pautas anteriores, não tenham sido julgados.

O art. 174 do RITJRS preceitua que os feitos que não forem julgados nos 15 dias subsequentes à sessão de cuja pauta constarem, somente poderão sê-lo mediante inclusão em novo edital, salvo se presentes e concordes os advogados das partes.

Com relação à pauta, cabe ainda mencionar a recomendação, pouco observada, do art. 120 da LOMAN de que "ressalvadas as preferências legais, se obedeça, tanto quanto possível, na organização das pautas, a igualdade numérica entre processos em que o juiz funcione como relator e revisor".

---

[138] STJ-3ª Turma, REsp. 30.085-3-PE, rel. Mim. Eduardo Ribeiro. Na mesma linha: MOREIRA, José Carlos Barbosa. *Comentários ao código de processo civil*. 8. ed. Rio de Janeiro: Forense, 1999, v. 5, p. 625.

[139] MOREIRA, José Carlos Barbosa. *Comentários ao código de processo civil*. 8. ed. Rio de Janeiro: Forense, 1999, v. 5, p. 626.

[140] Neste sentido: FERREIRA FILHO, Manuel Caetano. *Comentários ao código de processo civil*. São Paulo: Revista dos Tribunais, 2001, v. 7, p. 371.

[141] MOREIRA, José Carlos Barbosa. *Comentários ao código de processo civil*. 8. ed. Rio de Janeiro: Forense, 1999, v. 5, p. 626.

[142] Desde que se trate de sessão ordinária, ou seja, realizada em dia que normalmente se reúne o órgão colegiado. Tratando-se de sessão extraordinária, há que se obedecer ao prazo do § 2º. Assim: BERMUDES, Sérgio. *Comentários ao Código de Processo Civil*. 2. ed. São Paulo: Revista dos Tribunais, 1977, v. 7, p. 379-380, n. 282, p. 361.

## 7. Distribuição de cópias do relatório

Consoante o art. 553, "nos embargos infringentes e na ação rescisória, devolvidos os autos pelo relator, a secretaria do tribunal expedirá cópias autenticadas do relatório e as distribuirá entre os juízes que compuserem o tribunal competente para o julgamento".

O art. 477 exige o mesmo procedimento para o julgamento do incidente de uniformização de jurisprudência, enquanto o art. 482 o faz relativamente ao incidente de inconstitucionalidade.

São todas hipóteses que, na ótica do legislador, haveria maior relevância no julgamento.[143]

Com esta regra pretendeu-se permitir a todos os juízes que tomarão parte no julgamento o prévio conhecimento das questões trazidas à exame. A não observância do preceito não dará ensejo à nulidade. Sentindo-se apto para julgar, mesmo sem ter recebido a cópia, assim deverá fazê-lo o julgador. Caso contrário, comunicará que não recebeu a cópia e requisitará o adiamento do julgamento.[144]

Certo é, todavia, que atualmente, com a informatização das sessões de julgamento e com a facilidade de transferência de informações entre os membros dos colegiados, dificilmente isto deverá ocorrer.

Em realidade, nos dias de hoje, não só nos casos referidos no art. 553, mas em todos os julgamentos colegiados, criou-se o hábito da remessa pelo relator a todos os componentes do órgão da cópia do relatório, assim como do projeto de voto.

---

[143] ASSIS, Araken de. *Manual dos Recursos*. 2. ed. São Paulo: Revista dos Tribunais, 2008, p. 299.

[144] FERREIRA FILHO, Manuel Caetano. *Comentários ao código de processo civil*. São Paulo: Revista dos Tribunais, 2001, v. 7, p. 369. Na mesma linha: BERMUDES, Sérgio. *Comentários ao Código de Processo Civil*. 2. ed. São Paulo: Revista dos Tribunais, 1977, v. 7, p. 379-380, n. 282, p. 376.

Por fim, vale ressaltar que, por "tribunal competente para julgamento", se deve entender o órgão competente do tribunal, e não o próprio tribunal. Aqui tem plena aplicação a regra do art. 101, § 4º, da LC nº 35, de 14.03.1979, que preceitua que "cada Câmara, Turma ou Seção especializada funcionará como Tribunal distinto das demais". Assim, as cópias hão de ser enviadas aos membros deste órgão colegiado, e não, evidentemente, a todos os componentes do tribunal.[145]

---

[145] BERMUDES, Sérgio. *Comentários ao Código de Processo Civil*. 2. ed. São Paulo: Revista dos Tribunais, 1977, v. 7, p. 379-380, n. 282, p. 376.

## 8. Julgamento em sessão

Anunciado o julgamento do feito pelo presidente do órgão no qual será julgado o recurso, dar-se-á a palavra ao relator para que faça a apresentação da causa e dos pontos controvertidos. Esta exposição objetiva dar conhecimento do objeto do julgamento aos membros do colegiado que não tiveram contato com os autos[146] e nem receberam cópia do relatório, e mesmo reavivar a memória daqueles que tiveram os autos em mãos,[147] permitindo que votem com maior segurança e qualidade.

A exposição da causa pelo relator tem também o fito de tornar público, mormente para os advogados das partes, o relatório que conduzirá os debates e o julgamento propriamente dito.[148]

O relator não fica adstrito, em sua exposição oral, à pura repetição do que consta no relatório escrito. Pode acrescentar pormenores esclarecedores e deve, se for o caso, proceder a retificações ou suprir omissões relevantes.[149]

Após sua leitura, o relatório será posto em discussão pelo presidente, podendo qualquer dos julgadores pedir esclarecimentos ao relator ou mesmo questionar determinados aspectos do relatório.[150]

Em seguida, havendo requerimento e não se tratando de embargos de declaração e nem de agravo de instrumento ou interno,

---

[146] PINTO, Nelson. *Código de processo civil interpretado*. Antônio Carlos Marcato (coord.). 3. ed. São Paulo: Atlas, 2008, p. 1865-1866.

[147] MOREIRA, José Carlos Barbosa. *Comentários ao código de processo civil*. 8. ed. Rio de Janeiro: Forense, 1999, v. 5, p. 630.

[148] FERREIRA FILHO, Manuel Caetano. *Comentários ao código de processo civil*. São Paulo: Revista dos Tribunais, 2001, v. 7, p. 372.

[149] MOREIRA, José Carlos Barbosa. *Comentários ao código de processo civil*. 8. ed. Rio de Janeiro: Forense, 1999, v. 5, p. 630.

[150] FERREIRA FILHO, Manuel Caetano. *Comentários ao código de processo civil*. São Paulo: Revista dos Tribunais, 2001, v. 7, p. 373.

os advogados do recorrente e do recorrido terão oportunidade de, sucessivamente, pelo período de 15 minutos, sustentar suas "razões do recurso" (art. 554).[151]

Sendo hipótese de intervenção do Ministério Público, será dada a palavra ao Procurador de Justiça antes do início da votação. Não há norma tratando de forma expressa desta intervenção do Ministério Público como *custos legis,* mas, por coerência do sistema, tal oportunidade deve ser aberta, a exemplo do que ocorre nas audiências (art. 454, *caput*).[152]

Malgrado se possa delinear essa estrutura básica da sessão de julgamento, não raro e cada vez mais comum a ordem ser subvertida. O que se vê nos dias de hoje é que, a menos que estejam presentes os advogados das partes, o relator pede dispensa ao Presidente da exposição oral e da leitura do voto, passando diretamente ao resultado, tendo em vista que os demais componentes do colegiado já tiveram acesso ao seu "projeto de acórdão" e, ao menos em tese, têm condições de proferir o voto.

---

[151] Cf. item infra (Sustentação oral).

[152] MOREIRA, José Carlos Barbosa. *Comentários ao código de processo civil.* 8. ed. Rio de Janeiro: Forense, 1999, v. 5, p. 632-633.

## 9. Do necessário julgamento do agravo anteriormente à apelação

Dispõe o art. 559 que a apelação não será incluída em pauta antes do agravo de instrumento interposto no mesmo processo. Em seu parágrafo único completa disciplinando que "se ambos os recursos houverem de ser julgados na mesma sessão, terá precedência o agravo".[153] Estipula, desta forma, que se observe a ordem de julgamento entre agravos[154] e apelação referentes ao mesmo feito.

A regra é reproduzida em alguns regimentos internos, nada obstante a desnecessidade diante da preponderância e imperatividade da norma federal. O RITJSP, que vigeu até setembro de 2009, *v.g.*, em seu art. 794, praticamente copiou a redação do CPC, dispondo que "a apelação não será incluída em pauta antes do agravo de instrumento interposto no mesmo processo; inscritos para a mesma sessão, terá precedência o julgamento do agravo". O atual, mais sintético, nada prevê.

Malgrado nos dias de hoje a probabilidade seja menor que nos tempos em que a regra foi criada,[155] ainda pode ocorrer que a apelação fique pronta para julgamento antes do agravo de instrumento interposto no mesmo processo.

---

[153] O art. 523, *caput*, faz a mesma exigência no que concerne ao agravo retido.

[154] A norma se ocupa do agravo de instrumento, porquanto do agravo retido cuida especificamente o art. 523, *caput*.

[155] Assim: PINTO, Nelson. *Código de processo civil interpretado*. Antônio Carlos Marcato (coord.). 3. ed. São Paulo: Atlas, 2008, p. 1878; FERREIRA FILHO, Manuel Caetano. *Comentários ao código de processo civil*. São Paulo: Revista dos Tribunais, 2001, v. 7, p. 383; MOREIRA, José Carlos Barbosa. *Comentários ao código de processo civil*. 13. ed. Rio de Janeiro: Forense, 2006, v. 5, p. 674. Mas não concordamos com Orione Neto, que afirma que "a norma está praticamente em desuso" e que "só tinha razão de ser na revogada disciplina do agravo" (ORIONE NETO, Luiz. *Recursos cíveis*. 2. ed. São Paulo: Saraiva, 2006, p. 627). Diversas circunstâncias podem levar a equivocada inversão da ordem de julgamento, desde o mero descuido do Gabinete e da Secretaria ao elaborar a pauta, até, como exemplifica Araken de Assis, a retenção dos autos além do prazo pelo Ministério Público (ASSIS, Araken de. *Manual dos Recursos*. 2. ed. São Paulo: Revista dos Tribunais, 2008, p. 303).

Neste caso, em observância ao artigo supramencionado, dever-se-á aguardar que o agravo também atinja condições de julgamento para que, embora na mesma seção, seja julgado antes do apelo.

### 9.1. Consequências da inversão da ordem de julgamento

A inversão da ordem pode trazer sérias consequências, sendo de todo equivocado afirmar que apenas ensejará o reconhecimento da perda de objeto do agravo, embora em alguns casos isso ocorra.

Imagine-se que o agravo de instrumento impugne decisão que indeferiu a preliminar de litispendência ou de coisa julgada. Sendo provido o agravo, a apelação pendente é que restará prejudicada. Nestes casos, o julgamento da apelação que, inadvertidamente, se der anteriormente ao do agravo, é nulo.[156]

Da mesma forma, versando o agravo de instrumento acerca do indeferimento de provas, de forma alguma poderá ser considerado prejudicado pelo julgamento do apelo, ao revés, a apelação é que ficará prejudicada caso tenha razão o agravante, porquanto o provimento do agravo determinará a desconstituição da sentença.

De outro lado, tendo sido o agravo interposto contra a decisão que indeferiu a antecipação de tutela, restará prejudicado pela superveniência de sentença, não havendo nulidade se, eventualmente, o apelo for julgado sem que o tenha sido o agravo.[157]

Todavia, tendo sido o agravo interposto contra a decisão que deferiu a antecipação de tutela, não se pode reputá-lo prejudicado pela superveniência da sentença que confirmar a antecipação. Isto porque, no julgamento do agravo – embora seja improvável – pode o tribunal reconhecer a ausência dos requisitos para a antecipação de tutela e, por consequência a responsabilidade objetiva do autor pela execução injusta da liminar, nada obstante mantenha a senten-

---

[156] ASSIS, Araken de. *Manual dos Recursos*. 2. ed. São Paulo: Revista dos Tribunais, 2008, p. 302.

[157] Assim decidiu a 4ª Câmara Cível do TJRS, ao julgar o AI 70013285150, Rel. Des. Araken de Assis, j. 24.10.2007, que trouxe a seguinte ementa: PROCESSUAL CIVIL. AGRAVO DE INSTRUMENTO. PRECEDÊNCIA OBRIGATÓRIA. LIMINAR. CAUSA JULGADA. RECURSO PREJUDICADO. 1. Embora o art. 559 do CPC contemple a precedência obrigatória do julgamento do agravo de instrumento relativamente à apelação, e, em alguns casos, o julgamento da causa e da apelação antes de resolvida interlocutória, e, até, o trânsito em julgado da respectiva sentença, não impeça o julgamento do agravo, na espécie trata-se de recurso aviado contra decisão que antecipou os efeitos do pedido, motivo por que o acolhimento deste último, ante o princípio da congruência (art. 273, *caput*, do CPC), torna inútil o recurso ainda pendente. 2. AGRAVO DE INSTRUMENTO PREJUDICADO.

ça ao desprover o apelo do réu.[158] Ou seja, há relevância, neste caso, em discutir-se tão somente a presença ou não dos requisitos para a antecipação de tutela, porque a admissão da sua ausência, poderá ensejar o dever de reparação de danos.

Desta forma, a consequência da inobservância da norma do art. 559 será determinada no exame do caso concreto, sendo inexatas definições apriorísticas.[159]

Em determinados casos, como há muito afirmou o STF, nem o decurso do prazo para a impugnação da sentença constitui causa obstativa do julgamento do agravo de instrumento interposto no curso da tramitação da causa,[160] quanto mais a superveniência de sentença ou o julgamento do apelo.

Todavia, malgrado as importantes posições em contrário,[161] não se resolve a questão supondo que a sentença não transita em julgado, sob pena de ter-se a causa indefinidamente em aberto. Com efeito, como diz voz autorizada, não há supor que "julgada a apelação antes do agravo, deva *aguardar-se* o julgamento deste, sem tomar providência alguma, a fim de verificar-se, depois, se há ou não compatibilidade; em tese, a espera pode prolongar-se indefinidamente, e inexistiria base legal para obstar-se, nesse ínterim, à produção dos efeitos do julgamento da apelação, com óbvia possibilidade de que a situação se torne – ao menos praticamente – irreversível".[162]

Por isso, julgada a apelação, há de se abrir imediata oportunidade para a interposição do recurso cabível, sendo inadequado, chegando-se a este ponto, esperar o julgamento do agravo.[163]

Mas provido o agravo de instrumento antes do trânsito em julgado, todos os atos posteriores à decisão recorrida serão anulados,

---

[158] Neste sentido: ASSIS, Araken de. *Manual dos Recursos*. 2. ed. São Paulo: Revista dos Tribunais, 2008, p. 303. Em sentido contrário, afirmando que sempre haverá a perda de objeto quando o agravo atacar decisão acerca da antecipação da tutela, ALVIM, Eduardo Arruda. *Direito Processual Civil*. 2. ed. São Paulo: Revista dos Tribunais, 2008, p. 827.

[159] A 4ª Turma do STJ, por exemplo, afirmou que "a apelação pode ser julgada antes do agravo de instrumento, se entre o conteúdo das decisões não houver incompatibilidade, como acontece entre a apelação que fixa alimentos definitivos e o agravo de instrumento interposto de decisão sobre o valor dos alimentos provisórios" (REsp 46.500-1-BA, rel. Min. Ruy Rosado, j. 7.11.1994).

[160] STF-1ª Turma, RE 89.980-SP, rel. Min. Soares Muñoz. J. 24.02.1978.

[161] Representada por Barbosa Moreira (*Comentários ao código de processo civil*. 13. ed. Rio de Janeiro: Forense, 2008, v. 5, p. 676).

[162] Ibidem, p. 696.

[163] Ibidem, p. 697.

devendo ser proferida outra sentença, abrindo-se nova chance de impugná-la.[164]

A alegação de eventual nulidade percebida pode-se dar por meio da oposição de embargos de declaração, o que tornará mais simples a solução do problema, não havendo óbice a que o tribunal a reconheça, porquanto poderia o fazer mesmo *ex officio*.[165] Providos os embargos, na hipótese de se verificar que a matéria do agravo é potencialmente prejudicial à da apelação, anular-se-á o julgamento do apelo e julgar-se-á o agravo, tornando-se a julgar a apelação, se ainda for o caso.[166]

Vencido o prazo dos embargos, a questão pode ser suscitada em outro recurso cabível. Os embargos infringentes serão admissíveis se o colegiado, por maioria, houver reformado a sentença de mérito. O recurso especial terá substrato na alínea "a" do permissivo constitucional, por violação do art. 559.[167] O mandado de segurança também pode ser admissível, desde que não haja transitado em julgado o acórdão, do contrário esbarra a utilização do remédio na Súmula 268 do STF, que diz ser incabível mandado de segurança contra decisão judicial com trânsito em julgado.

A matéria, ademais, poderá (deverá) ser também conhecida *ex officio* pelo órgão *ad quem*.

Por fim, tendo em vista que a inversão da ordem de julgamento entre agravos e apelo literalmente viola o art. 559, admissível – desde que se trate de decisão de mérito – a ação rescisória com amparo no art. 485, V.[168]

Vencido o prazo da rescisória, o acórdão do apelo prevalecerá em definitivo.[169]

---

[164] Em sentido semelhante, mas sem exigir que o provimento do agravo se dê antes do trânsito em julgado, já que no seu entender este não ocorre na hipótese: NERY JUNIOR, Nelson; NERY, Rosa Maria Andrade. *Código de processo civil e legislação processual civil extravagante em vigor*. 4. ed. São Paulo: Revista dos Tribunais, 2007, p. 966.

[165] Não vemos, portanto, o óbice referido por Barbosa Moreira, que afirma que "não constando da pauta o agravo, não se pode dizer que foi omitido 'ponto sobre o qual devia pronunciar-se o tribunal'" (MOREIRA, José Carlos Barbosa. *Comentários ao código de processo civil*. 13. ed. Rio de Janeiro: Forense, 2008, v. 5, p. 697).

[166] ASSIS, Araken de. *Manual dos Recursos*. 2. ed. São Paulo: Revista dos Tribunais, 2008, p. 303.

[167] MOREIRA, José Carlos Barbosa. *Comentários ao código de processo civil*. 13. ed. Rio de Janeiro: Forense, 2006, v. 5, p. 676.

[168] Assim: ASSIS, Araken de. *Manual dos Recursos*. 2. ed. São Paulo: Revista dos Tribunais, 2008, p. 303; MOREIRA, José Carlos Barbosa. *Comentários ao código de processo civil*. 13. ed. Rio de Janeiro: Forense, 2006, v. 5, p. 676.

[169] ASSIS, Araken de. *Manual dos Recursos*. 2. ed. São Paulo: Revista dos Tribunais, 2008, p. 304; MOREIRA, José Carlos Barbosa. *Comentários ao código de processo civil*. 13. ed. Rio de Janeiro: Forense, 2006, v. 5, p. 677.

## 10. Preferência de julgamento

Consoante dispõe o art. 562, o julgamento que teve início, mas não se completou na mesma sessão, seja porque houve pedido de vista (art. 555, § 2º), ou em razão de ter sido convertido em diligência (art. 560, parágrafo único), ou, ainda, pela instauração de incidente de uniformização de jurisprudência (art. 476) ou de incidente processual de declaração de inconstitucionalidade (art. 480), deverá receber preferência sobre os demais constantes na pauta da sessão em que houver de retornar.

Nada obstante a regra se refira aos recursos, por analogia se aplica também aos demais processos julgados pelo tribunal, como as ações rescisórias, reexames necessários, mandados de segurança, *habeas corpus* e *habeas data*.[170]

A preferência de que trata o art. 562 concorrerá com outras estipuladas por diferentes normas.[171]

A Nova Lei do Mandado de Segurança (Lei 12.016 de 2009), *v.g.*, em seu art. 20, estabelece que "os processos de mandado de segurança e os respectivos recursos terão prioridade sobre todos os atos judiciais, salvo *habeas corpus*". Esta preferência, vale ressaltar, não é novidade, pois também constava no revogado art. 17 da Lei 1.533 de 1951.

O art. 565, por sua vez, determina preferência de julgamento para o feito em que tenha havido, na sessão imediatamente anterior, requerimento de sustentação oral. Impende anotar, contudo, que este próprio dispositivo ressalva que a preferência do julgamento do feito em que haverá sustentação oral não prejudicará as demais preferências legais.

---

[170] MOREIRA, José Carlos Barbosa. *Comentários ao código de processo civil*. 14. ed. Rio de Janeiro: Forense, 2008, v. 5, p. 705.

[171] NERY JUNIOR, Nelson; NERY, Rosa Maria Andrade. *Código de processo civil e legislação processual civil extravagante em vigor*. 4. ed. São Paulo: Revista dos Tribunais, 2007, p. 967.

## 11. Sustentação oral

Nos termos do art. 554, "na sessão de julgamento, depois de feita a exposição da causa pelo relator, o presidente, se o recurso não for de embargos declaratórios ou de agravo de instrumento, dará a palavra, sucessivamente, ao recorrente e ao recorrido, pelo prazo improrrogável de 15 (quinze) minutos para cada um, a fim de sustentarem as razões do recurso".

Destarte, extraindo-se as explícitas exclusões feitas pela norma, a sustentação oral é admitida nas apelações, nos embargos infringentes, nos embargos de divergência, nos recursos extraordinários, especiais e ordinários. É admitida, ainda, consoante decidiu o STJ, nos reexames necessários (art. 475).[172]

De outro lado, o art. 554 expressamente exclui a possibilidade de sustentação oral no julgamento de agravo de instrumento[173] e embargos de declaração. No agravo interno, por sua vez, a sustentação é vedada pelos arts. 557, § 1º (agravo contra a decisão que nega seguimento ou dá provimento de plano a recurso), e 532 (decisão que não admite embargos infringente).[174]

A sustentação ganha espaço, como a norma deixa claro, após o relator apresentar oralmente seu relatório e antes de se iniciar a votação. O inciso IX do art. 7º do Estatuto da Advocacia, que prevê o direito de o advogado sustentar oralmente após o voto do rela-

---

[172] STJ-2ª T., REsp. 493.862-MG, Rel. Min. Eliana Calmon, *RF* 377/297.

[173] Como diz Araken de Assis, "falta base plausível, considerando o extraordinário relevo do agravo de instrumento – por exemplo, interposto contra a decisão antecipatória dos efeitos do pedido (art. 273). E, de resto, subindo o agravo com a apelação, a matéria nele versada poderá ser objeto de sustentação oral. A flagrante contradição não depõe a favor do critério legal. Não é, decididamente, ponto alto da lei" (ASSIS, Araken de. *Manual dos Recursos*. 2. ed. São Paulo: Revista dos Tribunais, 2008, p. 309).

[174] MOREIRA, José Carlos Barbosa. *Comentários ao código de processo civil*. 13. ed. Rio de Janeiro: Forense, 2006, v. 5; p. 650; ASSIS, Araken de. *Manual dos Recursos*. 2. ed. São Paulo: Revista dos Tribunais, 2008, p. 304.

tor, teve sua vigência suspensa liminarmente pelo STF nos autos da ADI 1105 MC/DF.[175]

Nada obstante a norma use a expressão "sustentarem as razões do recurso", o direito à sustentação[176] não é só do recorrente ou recorrido que apresentou razões recursais. Tem direito à sustentação a parte, ou o terceiro, pela só condição de recorrente, ou recorrido, sendo despicienda, para seu exercício, a apresentação de razões.[177] Só assim harmoniza-se a regra com as garantias constitucionais do contraditório e da ampla defesa.[178]

Também não se há de extrair o direito de sustentação oral nos feitos de competência originária dos tribunais, embora nestes não haja recorrentes e recorridos.[179] Neste caso, contudo, cabe ao regimento interno do tribunal definir seu cabimento e delimitar seu tempo.[180]

Os regimentos internos, nem sempre em harmonia com o CPC, reforçam as restrições à admissibilidade da sustentação oral. O RITJSP, por exemplo, em seu art. 143, § 2º, elenca uma série de recursos

---

[175] DIDIER JR., Fredie; CUNHA, Leonardo José Carneiro da. *Curso de Direito Processual Civil*. 7. ed. Salvador: Podium, 2009, v. 3, p. 541.

[176] Aqui vale a advertência de Sérgio Bermudes: "...esse direito à sustentação só deve o recorrente, ou o recorrido, exercê-lo nos casos em que reputar absolutamente indispensáveis as razões orais... Por outro lado é preciso que os juízes se compenetrem do fato de que quem usa a tribuna, ali está exercendo um direito, que é também, o de ser ouvido. Os juízes que conversam, ou permanecem desatentos, durante a sustentação, demonstram censurável descaso pela função jurisdicional e condenável descortesia para com quem fala. Tanto o advogado que usa a tribuna apenas para enfadar, quanto o magistrado que permanece alheio à sustentação, toma atitude reprovável, desdignificante da grandeza em que se emoldura o exercício da missão que a sociedade lhe cometeu (BERMUDES, Sérgio. *Comentários ao Código de Processo Civil*. 2. ed. São Paulo: Revista dos Tribunais, 1977, v. 7, p. 379-380).

[177] Neste sentido: FADEL, Sérgio Sahione. *Código de Processo Civil comentado*, Rio de Janeiro: José Konfino, 1974, t. III, p. 207; BERMUDES, Sérgio. *Comentários ao Código de Processo Civil*. 2. ed. São Paulo: Revista dos Tribunais, 1977, v. 7, p. 379. Em sentido contrário: FAGUNDES, M. Seabra. *Dos recursos ordinários em matéria civil*. Rio de Janeiro: Forense, 1946, p. 275-276.

[178] Conforme Araken de Assis, "o art. 554, literalmente, autoriza o uso da palavra para o advogado sustentar as razões do recurso. Sucede que, às vezes, o recorrido não respondeu ao recurso, ou porque não quis, a despeito de aberto o prazo, ou porque não pôde – o art. 296 não prevê sequer a sua intimação para responder –, ou porque, revel, só intervém neste estágio adiantado da causa. Nada obstante, tem direito a participar do debate oral. A interpretação aferrada à letra da lei não condiz com o direito fundamental ao contraditório e à ampla defesa. A lei conferiu o direito à participação do debate oral tão só com base na posição de recorrente (ou autor) e de recorrido (ou réu)" (ASSIS, Araken de. *Manual dos Recursos*. 2. ed. São Paulo: Revista dos Tribunais, 2008, p. 304). No mesmo sentido: BERMUDES, Sérgio. *Comentários ao Código de Processo Civil*. 2. ed. São Paulo: Revista dos Tribunais, 1977, v. 7, p. 379).

[179] PAULA, Alexandre de. *Código de processo civil anotado*. 3. ed. São Paulo: Revista dos Tribunais, 1986, p. 1085; BERMUDES, Sérgio. *Comentários ao Código de Processo Civil*. 2. ed. São Paulo: Revista dos Tribunais, 1977, v. 7, p. 379; FERREIRA FILHO, Manuel Caetano. *Comentários ao código de processo civil*. São Paulo: Revista dos Tribunais, 2001, v. 7, p. 373.

[180] ASSIS, Araken de. *Manual dos Recursos*. 2. ed. São Paulo: Revista dos Tribunais, 2008, p. 308.

eações em que não se admite a sustentação oral. Dispõe a indigitada norma não ser cabível a sustentação oral: I – nos agravos; II – nos embargos de declaração; III – nas exceções de suspeição; IV – nas reclamações; V – no arquivamento de inquérito ou representação criminal.

Não se tem admitido, outrossim, a sustentação oral nas reclamações, sob equívoco argumento de que não se trata de recurso, e sim de mera medida correcional.[181] Todavia, em que pese ser controversa a natureza jurídica da reclamação, a doutrina majoritariamente lhe atribui natureza jurisdicional, e não administrativa.[182] E, como se disse acima, a sustentação oral não é arma que se deva conceder exclusivamente a recorrentes e recorridos, mas essencial elemento para o exercício da ampla defesa.[183]

Além da sustentação oral, é permitido ao advogado pedir a palavra *pela ordem* para esclarecer equívoco ou dúvida surgida em relação a fatos, documentos ou afirmações que influam no julgamento, bem como para replicar acusação ou censura que lhe forem feitas, consoante o art. 7º, X, do Estatuto da Advocacia (Lei 8.906/94).

### 11.1. Formalidades do ato de sustentação oral

O EOAB, em seu art. 7º, XII, preceitua ser prerrogativa do advogado "falar sentado ou em pé, em juízo, Tribunal ou órgão de deliberação coletiva da Administração Pública ou do Poder Legislativo".

Malgrado a amplitude do dispositivo, os tribunais costumam delimitá-lo. O RISTJ determina que os advogados, para sustentarem, utilizem beca e ocupem a tribuna (art. 151, §§ 1º e 3º). O RITJSE, por sua vez, estabelece que, para sustentarem os advogados apresentar-se-ão de vestes talares (art. 131). Idêntica exigência é feita pelo RITJSP, em seu art. 148.

---

[181] TJSP-Órgão Especial, ED 1358460402, Rel. Aloísio de Toledo César, j. 05.09.07.

[182] MIRANDA, Gilson Delgado; PIZZOL, Patrícia Miranda. *Recursos no Processo Civil*. 6. ed. São Paulo: Atlas, 2009, p. 196.

[183] Assim reconheceu o STJ ao mencionar que "a frustração da sustentação oral viola as garantias constitucionais do devido processo legal, do contraditório e da ampla defesa, posto que esta constitui ato essencial a defesa" (STJ-5ª Turma, HC 41698, resl Min. Felix Fischer, j. 07.02.2006).

Segundo o art. 565, "desejando proferir sustentação oral, poderão os advogados requerer que na sessão imediata seja o feito julgado em primeiro lugar, sem prejuízo das preferências legais".

Nos termos do parágrafo único do indigitado artigo, "se tiverem subscrito o requerimento os advogados de todos os interessados, a preferência será concedida para a própria sessão".

Assim, conforme o Código, tratando-se de preferência para a sessão subsequente, bastará o requerimento formulado pelo advogado de uma das partes.[184] Para a própria sessão em cuja pauta figura o feito, o requerimento só é admissível quando formulado pelos procuradores de todos interessados.[185]

Alguns tribunais, contudo, procedem de maneira diversa da estatuída pelo Código. O RITJRS, por exemplo, em seu art. 177, § 1º, estipula que "desejando proferir sustentação oral, poderão os advogados, antes do início da sessão, solicitar preferência de julgamento".

Como se vê, não há exigência na norma regimental de que haja requerimento dos advogados de ambas as partes para que o direito de sustentar seja deferido para a própria sessão.

E na prática, no Tribunal de Justiça do Rio Grande do Sul, de fato, basta o advogado de qualquer das partes requerer, antes do início da sessão, que a preferência e o direito de sustentar suas razões lhe será deferido.

Cabe ao Presidente da seção de julgamento, decerto, zelar para o bom andamento dos trabalhos e evitar que a tribuna seja utilizada de forma indevida.

O RITJSE, com este intuito, explicita em seu art. 152 que "o Presidente impedirá que na sustentação oral sejam abordados assuntos impertinentes, bem como o uso de linguagem inconveniente ou insultuosa, cassando a palavra ao orador, após a advertência devida". Em seguida, em seu parágrafo único, ressalva que "não se reputa impertinente a elevada crítica à lei ou sistema judiciário, nem injuriosa a simples denúncia, em linguagem comedida, de fa-

---

[184] Ernanini Fidélis dos Santos equivoca-se ao afirmar que o adiamento "poderá, porém, ser evitado se os advogados dos outros interessados se manifestarem expressamente contra ele. Interessados, no caso, serão os advogados que atuam no processo, estando presentes, naturalmente, e não os que participarão de outros julgamentos" (SANTOS, Ernani Fidélis dos. *Curso de direito processual civil*. 13. ed. São Paulo: Saraiva, 2009, v. 1, p. 723). Com efeito, a lei não prevê esta possibilidade.

[185] Como ressalta Araken de Assis, "a presença de todos os advogados transforma o episódio em autêntico debate oral e extraordinário momento para provar destreza retórica" (ASSIS, Araken de. *Manual dos Recursos*. 2. ed. São Paulo: Revista dos Tribunais, 2008, p. 304).

tos que, se não abordados no entendimento do orador, possam ser prejudiciais ao reconhecimento do direito pleiteado".

De outro lado, deve o Presidente, outrossim, cuidar para que se respeite o direito à sustentação não apenas formalmente, mas de forma efetiva. Assim, ao Presidente, dentro da sua atribuição de manter a ordem da sessão, cabe solicitar atenção e silêncio dos demais componentes do órgão, função que cada dia ganha mais importância e tem se mostrado mais frequente.

Como adverte voz autorizada, "é preciso que os juízes se compenetrem do fato de que quem usa a tribuna, ali está exercendo um direito, que é também, o de ser ouvido. Os juízes que conversam, ou permanecem desatentos, durante a sustentação, demonstram censurável descaso pela função jurisdicional e condenável descortesia para com quem fala".[186]

Os advogados, por sua vez, devem respeitar o prazo que lhes é concedido e cuidar para não usar a tribuna com intuito outro que não a defesa da causa.

De resto, o advogado habilidoso não deixa de observar antiga e preciosa lição que diz que a forma de eloquência em que melhor se fundem as duas qualidades mais apreciadas do orador, a brevidade e a clareza, é o silêncio.[187] Com efeito, sem demasia, pode-se concordar que o juiz "aceita melhor a brevidade, ainda que obscura: quando um advogado fala pouco, o juiz, mesmo que não compreenda o que ele diz, compreende que tem razão".[188]

O prazo da sustentação, conforme o art. 554, é de quinze minutos para o advogado do recorrente ou do autor e de quinze minutos para o advogado do recorrido ou réu.

Malgrado a lei nada fale acerca do prazo para litisconsortes com diferentes procuradores – nem sequer o art. 191 – tem se entendido que o prazo deve ser ampliado, permitindo aos advogados

---

[186] BERMUDES, Sérgio. *Comentários ao Código de Processo Civil*. 2. ed. São Paulo: Revista dos Tribunais, 1977, v. 7, p. 379-380:

[187] CALAMANDREI, Piero. *Eles, os juízes, vistos por um advogado*. São Paulo: Martins Fontes, 2000, p. 81.

[188] Ibidem, p. 83. E o autor ainda complementa, adiante: A arte é a medida da disciplina. O virtuoso reconhecimento do advogado está na sua objetividade pela qual expõe o que quer e onde quer chegar. "Defenda as causas com zelo, mas sem exagerar. Se escreve demais, ele não lê; se você fala demais, ele não ouve; se você é obscuro, ele não tem tempo para tentar compreendê-lo. Para ganhar a causa, é necessário empregar argumentos medianos e simples, que ofereçam ao juiz o fácil caminho da menor resistência (p. 104-105).

de todas as partes o uso da tribuna.[189] O RISTJ, por exemplo, no § 2º do art. 160, dispõe que "se houver litisconsortes não representados pelo mesmo advogado, o prazo será contado em dobro e dividido igualmente entre os do mesmo grupo, se diversamente não o convencionarem".

O próprio STJ, contudo, recentemente entendeu que, em consonância com os princípios do contraditório e da ampla defesa, "havendo mais de um advogado para fazer sustentação oral é de observar o prazo de 15 (quinze) minutos para cada um dos advogados presentes, ressalvada a hipótese de haver mais de um patrono para o mesmo réu", quando "o prazo deve ser dividido entre os advogados, frise-se, do mesmo réu *ex vi* do art. 222, § 1º, do RISTJ".[190]

Segundo o art. 554, o prazo de quinze minutos não pode ser prorrogado. A lei, entretanto, deve sofrer temperamentos: o prazo não pode ser ampliado em favor da parte, mas, decerto, o cronômetro deve ser interrompido, por exemplo, na hipótese de o advogado ser aparteado ou no caso de eventual falta de luz que prejudique a exposição, porque o advogado consultava suas anotações.[191]

O conteúdo e a forma da sustentação oral são amplos, para não dizer livres, mas devem guardar, decerto, coerência com o feito, cabendo ao Presidente da Sessão controlar os excessos e abusos.

Não está o advogado que usa a tribuna adstrito a repetir as alegações das razões ou contrarrazões, da inicial ou da contestação. Sua missão é convencer os julgadores do direito daquele que defende, podendo para tanto invocar novos argumentos, mencionar outros dispositivos legais, chamar a atenção para elementos de prova constantes dos autos ainda pouco explorados.[192]

---

[189] Neste sentido: BERMUDES, Sérgio. *Comentários ao Código de Processo Civil*. 2. ed. São Paulo: Revista dos Tribunais, 1977, v. 7, p. 379-380, n. 286, p. 378; DIDIER JR., Fredie; CUNHA, Leonardo José Carneiro da. *Curso de Direito Processual Civil*. 7. ed. Salvador: Podium, 2009, v. 3, p. 542.
[190] STJ-5ª Turma, HC 41698, rel. Min. Felix Fischer, j. 07.02.2006.
[191] ASSIS, Araken de. *Manual dos Recursos*. 2. ed. São Paulo: Revista dos Tribunais, 2008, p. 310.
[192] Idem, ibidem.

## 12. Incidentes no curso do julgamento dos recursos

### 12.1. Uniformização da jurisprudência

Natural que em órgãos colegiados haja diversas interpretações quanto ao direito aplicável a casos iguais. A divergência é mesmo desejável e tida como fundamental ao desenvolvimento do direito. Estranha-se, aliás, quando o órgão, nada obstante a inevitável diferença entre "os modos de ser e de pensar de cada juiz" apresente julgamentos invariavelmente unânimes.[193]

Não se aceita, de outro lado, "que a vitória ou a sucumbência da parte se determine pela sorte, conforme a distribuição de seu processo se faça a esta ou aquela Câmara. Se todos são iguais perante a lei (Constituição, art. 5°), não se concebe que o Tribunal trate uns diferentemente dos outros, em identidade de circunstâncias".[194]

Com efeito, a ausência de paridade entre decisões de casos similares é fruto de perplexidade para os jurisdicionados, que se sentem inseguros quanto aos seus direitos. Portanto, de todo indesejáveis tais episódios, embora inevitáveis.[195]

Daí a necessidade de um instrumento que seja capaz de manter a unidade da jurisprudência do tribunal,[196] ao menos em hipóteses

---

[193] TESHEINER, José Maria Rosa. Uniformização de Jurisprudência. *Revista da Ajuris*, v. 50, Porto Alegre, 1990, p. 178-183.

[194] Idem, ibidem.

[195] Conforme refere Vicente Greco Filho, "à ordem jurídica repugna o fenômeno de casos iguais serem decididos de maneira diferente, mas em contrapartida é preciso evitar a estagnação que poderia ocorrer com a uniformização perene" (GRECO FILHO, Vicente. *Direito processual civil brasileiro*. São Paulo: Saraiva, 2000, p. 357-358).

[196] NERY JUNIOR, Nelson; NERY, Rosa Maria Andrade. *Código de processo civil e legislação processual civil extravagante em vigor*. 4. ed. São Paulo: Revista dos Tribunais, 2007.

em que as divergências internas,[197] ao invés de representarem uma saudável dialética, ocasionam insuportável insegurança jurídica, enfraquecedora do Judiciário.

Criou o legislador, com este objetivo, o incidente de uniformização da jurisprudência, que vem previsto no art. 476, que assim dispõe:

> Compete a qualquer juiz, ao dar o voto na turma, câmara, ou grupo de câmaras, solicitar o pronunciamento prévio do tribunal acerca da interpretação do direito quando:
> I – verificar que, a seu respeito, ocorre divergência;
> II – no julgamento recorrido a interpretação for diversa da que lhe haja dado outra turma, câmara, grupo de câmaras ou câmaras cíveis reunidas.

Extrai-se da leitura, sem dificuldades, o intuito do instituto:[198] harmonizar as correntes jurisprudenciais dentro dos tribunais, com o fim de tornar congruentes e previsíveis os julgamentos de causas repetitivas, evitando que se dê respostas antagônicas a casos idênticos e que o destino dos jurisdicionados fique adstrito à sorte na distribuição.[199]

---

[197] Conforme refere Ovídio Araújo Baptista da Silva, "em nosso sistema processual, a preservação do princípio da unidade do ordenamento jurídico conta com dois instrumentos: o expediente técnico denominado uniformização de jurisprudência (art. 476 do CPC), quando a divergência na aplicação da mesma lei se der entre órgãos do mesmo tribunal; e o recurso extraordinário e o especial, quando tal divergência ocorrer entre tribunais diferentes" (SILVA, Ovídio Araújo Baptista da. *Curso de processo civil*: processo de conhecimento. 7. ed. São Paulo: Revista dos Tribunais, 2006, 1º vol, p. 448).

[198] Consoante explica Ovídio Araujo Baptista da Silva, o incidente de uniformização de jurisprudência (art. 476 do CPC) não é um recurso, por diversas razões: embora se vê na mesma relação processual na qual ocorrera a divergência que se busca superar com o incidente, não satisfaz o requisito da voluntariedade, "uma vez que ele não é outorgado às partes como um direito, ou como uma forma de impugnação imperativa e vinculativa para os juízes. Em primeiro lugar, como se vê da própria redação do art. 476 do CPC, nem é a parte que o pode suscitar, e sim o próprio juiz, o que, por si só, já seria suficiente para afastar a índole recursal desta técnica de revisão do ato jurisdicional. Em segundo lugar, quando a lei autoriza a parte a requerer que o julgamento obedeça ao procedimento indicado pelo art. 476, deixa claro que o expediente de uniformização de jurisprudência é uma forma procedimental do recurso originalmente interposto, e não um recurso autônomo. Por outro lado, permitindo a lei que a parte requeira, no parágrafo único do art. 476, que o julgamento do recurso 'obedeça ao disposto neste artigo', o deferimento de tal pedido fica sempre condicionado a um juízo de conveniência do tribunal sobre a oportunidade de proceder-se ou não à uniformização dos pronunciamentos divergentes porventura existentes no seio do respectivo tribunal" (Idem, ibidem).

[199] Consoante Wambier, Almeida e Talamini, a uniformização de jurisprudência "é um expediente cujo objeto é evitar a desarmonia de interpretação de teses jurídicas, uniformizando, assim, a jurisprudência interna dos tribunais" (WAMBIER, Luiz Rodrigues; ALMEIDA, Renato Correia de; TALAMINI, Eduardo. *Curso Avançado de Processo Civil*. 2. ed. São Paulo, 1999, p. 742). Alexandre Câmara diz trata-se de "um incidente processual, através do qual suspende-se um julgamento no Tribunal, a fim de que seja apreciado, em tese, o Direito aplicável à hipótese concreta, determinando-se a correta interpretação da norma jurídica que

## 12.1.1. Pressupostos de admissibilidade do incidente de uniformização da jurisprudência

A admissão da instauração do incidente depende da presença de dois pressupostos concorrentes:[200] a) julgamento pendente em câmara, turma, grupo de câmaras ou seção do tribunal e b) decisões destoantes acerca da mesma questão de direito.[201]

O primeiro requisito é retirado do próprio *caput* do art. 476, que diz que o incidente será suscitado por juiz da turma, câmara ou grupo de câmaras – órgãos que compõem tribunais, ficando excluído o tribunal pleno ou seu órgão especial[202] – ao lançar o seu voto – ou seja, quando ainda em curso o julgamento de recurso ou ação originária,[203] e não quando já consumado – solicitar o "pronunciamento prévio" – e não póstumo – do tribunal.

---

incide, ficando assim aquele julgado vinculado a esta determinação". (CÂMARA, Alexandre Freitas. *Lições de Direito Processual Civil*. 4. ed. São Paulo: Lumen Juris, 2001).

[200] Para Guilherme Beux Nassif Azem, se tratam de três pressupostos para a instauração do incidente: a) estar o julgamento em curso; b) haver divergência prévia na interpretação do direito, devidamente demonstrada e c) depender a solução do julgamento, total ou parcialmente, da uniformização da tese (AZEM, Guilherme Beux Nassif. Processo nos tribunais, arts. 476 a 479, disponível em http://www.tex.pro.br, acesso em 4 abr. 2009). Discordamos em termos quanto ao último. Com efeito, o incidente, em verdade, nunca é algo essencial para o deslinde da causa, mas apenas instrumento capaz de harmonizar os entendimentos e, quiçá, melhorar a qualidade do julgamento. Contudo, de fato, exige-se que a *matéria controvertida* no incidente – e não a uniformização em si – seja fundamental para a solução do litígio.

[201] ASSIS, Araken de. *Manual dos Recursos*. 2. ed. São Paulo: Revista dos Tribunais, 2008, p. 323.

[202] Consoante anotam Theotonio Negrão e José Roberto F. Gouvêa, invocando julgamento reproduzido em JTA 37/82, "se a questão está sendo julgada em tribunal pleno, é óbvio que não cabe suscitar o incidente de uniformização da jurisprudência" (NEGRÃO, Theotonio; GOUVÊA, José Roberto F. *Código de Processo Civil e legislação processual em vigor*, 41. ed. São Paulo: Saraiva, 2009, p. 622). De fato, justifica-se o incidente se o julgamento for de um órgão com *quorum* inferior ao do órgão competente para o julgamento do incidente. Não se justifica a instauração, por exemplo, em julgamento de competência do tribunal pleno ou de seu órgão especial."E a razão parece simples: julgamento aí realizado, conforme o quórum, produzirá efeitos idênticos aos da uniformização incidental, e, de toda sorte, inexiste órgão superior apto à empreitada uniformizadora" (ASSIS, Araken de. *Manual dos Recursos*. 2. ed. São Paulo: Revista dos Tribunais, 2008, p. 323). Em sentido contrário José Marcelo Menezes Vigliar, que defende que a "uniformização deve ocorrer em qualquer hipótese de conflito de interpretação de tese jurídica em determinado tribunal, mesmo que a competência, no caso específico debatido, esteja afeta ao pleno do tribunal, embora não mencionado pelo Código, diante dos valores que a uniformização de jurisprudência pretende preservar (principalmente a segurança jurídica, conforme destacado anteriormente" (VIGLIAR, José Marcelo Menezes. *Código de processo civil interpretado*. Antônio Carlos Marcato (coord.). 3. ed. São Paulo: Atlas, 2008, p. 1635).

[203] Consoante Araken de Assis, "o julgamento em andamento refere-se a qualquer recurso (*v.g.*, apelação, agravos e embargos infringentes), a causas de competência originária (*v.g.*, rescisória, mandado de segurança) e a sucedâneos recursais (*v.g.*, reexame necessário). É verdade que o art. 476, II, alude a "julgamento recorrido", induzindo tratar-se de recurso; no entanto, argumenta-se em prol da extensão do instituto às causas de competência originária do tribunal, nas quais bem pode ocorrer a divergência. E, de fato, óbvias razões de afinidade e conveniência chancelam tal interpretação. No tocante aos embargos de declaração, o

Destarte, após ultimado o julgamento, não mais admissível a instauração do incidente de uniformização, perdendo o órgão fracionário a oportunidade de obter a harmonização da divergência.[204]

Além de haver julgamento em curso, para ser cabível o incidente, necessário ainda que haja divergência acerca da interpretação do direito entre órgãos do mesmo tribunal.

E essa divergência deve existir antes do início do julgamento, o que é hipótese clássica, ou mesmo pode ser prevista no decorrer da votação, sendo o próprio julgamento em curso utilizado como dissídio. Isto se dá quando, "pelo número de votos proferidos, se verifica, em dado momento, a prevalência de interpretação diferente da fixada noutro julgamento".[205] Extrai-se tal entendimento da interpretação do inciso II do art. 476, que dispõe ser admissível o incidente de uniformização da jurisprudência "quando no julgamento recorrido a interpretação for diversa da que lhe haja dado outra turma, câmara, grupo de câmaras ou câmaras cíveis reunidas".[206]

O STJ, entretanto, tem repudiado a possibilidade de instauração do incidente quando houver apenas probabilidade de ocorrência da divergência, exigindo a prévia comprovação do dissídio.[207]

---

princípio do *venire contra factum proprium* obsta a suscitação nele do incidente relativamente à divergência preexistente ao julgamento do recurso ou da causa, cujo acolhimento, nesses termos, implicaria mal explicada desconstituição do julgado. Excepcionalmente, respeitando a divergência aos próprios embargos de declaração (*v.g.*, a admissibilidade do efeito modificativo), mostrar-se-á admissível, então, a uniformização de jurisprudência nesses limites estritos (ASSIS, Araken de. *Manual dos Recursos*. 2. ed. São Paulo: Revista dos Tribunais, 2008, p. 323).

[204] Ibidem, p. 326. Em sentido contrário: BUENO, Cássio Scarpinella. *Curso Sistematizado de Direito Processual Civil*. São Paulo: Saraiva, 2008, v. 5, p. 369.

[205] MOREIRA, José Carlos Barbosa. *Comentários ao código de processo civil*. 14. ed. Rio de Janeiro: Forense, 2008, v. 5, p. 12.

[206] Neste sentido, pertinente a lição de Araken de Assis: "Mas outra situação, aventada no art. 861 do CPC de 1939, mostra-se controversa perante o texto em vigor. De acordo com aquele dispositivo, o pronunciamento prévio poderia ser suscitado se algum dos julgadores reconhecesse 'que sobre ela ocorre, ou poderá ocorrer, divergência'. A probabilidade de dissídio potencial se verifica quando, votando juízes em número suficiente, constata-se que a orientação tendente a preponderar, reformando provimento conforme à interpretação de outros julgados, fatalmente discrepará do pronunciamento já tomado por outro órgão fracionário do tribunal. Parece assistir razão aos que, na hipótese do art. 476, II, interpretam a expressão 'julgamento recorrido' como sólida e clara base à solicitação do incidente perante o dissídio potencial. A interpretação que confina a incidência do inciso aos embargos infringentes e de declaração apequena o instituto. Na verdade, então se revelaria desnecessário o próprio inciso, porque já abrangida sua hipótese de incidência no inciso anterior" (ASSIS, Araken de. *Manual dos Recursos*. 2. ed. São Paulo: Revista dos Tribunais, 2008, p. 324). Na mesma linha: MOREIRA, José Carlos Barbosa. *Comentários ao código de processo civil*. 14. ed. Rio de Janeiro: Forense, 2008, v. 5, p. 12.

[207] STJ-3ª Turma, REsp 14.836-SP, 09.12.1991, Rel. Min. Eduardo Ribeiro, DJU 17.02.1991.

Não se presta o incidente para harmonizar a jurisprudência entre tribunais diversos, tendo em vista que o objetivo é a harmonização da jurisprudência interna da casa.[208] As divergências entre tribunais devem ser aparadas pelo STJ por intermédio do Recurso Especial, no que tange ao direito federal (art. 105, III, c, da CF/1988).[209]

Também não é admissível o incidente para tentar uniformizar sentenças de primeiro grau à jurisprudência do tribunal, o que se resolve pelo princípio da hierarquia.[210]

Descabido, por fim, suscitar o incidente confrontando votos proferidos, sendo imperativo que haja divergência entre julgamentos.[211]

Há quem defenda, vale o registro, ser descabido o incidente de uniformização de jurisprudência perante o STF, em razão de não haver previsão no seu Regimento Interno e, ademais, os embargos de divergência teriam a mesma serventia, ao lado do incidente de relevante questão de direito.[212]

Não é esse, contudo o entendimento que prevalece. Com efeito, o fato de não haver previsão no Regimento Interno não faz do CPC letra morta. De outro lado, nem os embargos de divergência – que são recurso e tem finalidade corretiva – e nem o incidente de relevante questão de direito – que se verá em item próprio – confundem-se com o incidente de uniformização de jurisprudência.

---

[208] MOREIRA, José Carlos Barbosa. *Comentários ao código de processo civil*. 14. ed. Rio de Janeiro: Forense, 2008, v. 5, p. 13; ASSIS, Araken de. *Manual dos Recursos*. 2. ed. São Paulo: Revista dos Tribunais, 2008, p. 323.

[209] Assim se pronunciou a 3ª Turma do STJ no AgRg no REsp. 620.276-RS, 05.08.2004, Rel. Min. Pádua Ribeiro, *DJU* 08.11.2004.

[210] ASSIS, Araken de. *Manual dos Recursos*. 2. ed. São Paulo: Revista dos Tribunais, 2008, p. 324.

[211] MOREIRA, José Carlos Barbosa. *Comentários ao código de processo civil*. 14. ed. Rio de Janeiro: Forense, 2008, v. 5, p. 14. Todavia, Luiz Gilherme Marinoni e Sérgio Cruz Arenhart referem a possibilidade de o incidente ser cabível quando ocorrer o que nominam de divergência interna, que é aquela existente "entre os membros do colegiado que têm a atribuição de julgar o caso concreto, ou seja, quando a tese jurídica (interpretação sobre alguma questão jurídica) esboçada por um dos julgadores é distinta e antagônica àquela apresentada por outro dos juízes que dá composição ao *quorum* de votação" (MARINONI, Luiz Guilherme; ARENHART, Sérgio Cruz. *Manual do Processo de Conhecimento*. 5. ed. São Paulo: Revista dos Tribunais, 2006, p. 606. Discordamos. A divergência há de ser entre julgamentos, com a ressalva já feita da hipótese de divergência prevista no curso da votação. A discordância de votos dentro de um mesmo colegiado, conforme o caso, pode ser harmonizada pelos embargos infringentes.

[212] A referência, assim como a sua negação, é feita por DIDIER JR., Fredie; CUNHA, Leonardo José Carneiro da. *Curso de Direito Processual Civil*. 7. ed. Salvador: Podium, 2009, v. 3, p. 567.

O incidente, por fim, só é admissível quando se verificar divergência entre as teses jurídicas defendidas num e noutro julgamento. Releva apenas a questão de direito trazida nos julgamentos.[213]

Diverge a doutrina acerca da discricionariedade do órgão na instauração do incidente. Com efeito, para alguns, se fazendo presentes os pressupostos, inafastável a instauração do incidente em homenagem à estabilidade jurídica que deve ser proporcionada ao jurisdicionado. De tal sorte, não instaurado o incidente quando cabível, viola-se o art. 476 do CPC, autorizando a interposição do recurso especial ao STJ.[214] Outros, contudo, com os quais concordamos, defendem que o instituto será suscitado obedecendo a critérios de oportunidade e conveniência, não havendo direito subjetivo processual à sua instauração.[215]

Na jurisprudência, de sua vez, pacificou-se que o incidente de uniformização não é obrigatório para os tribunais. O STJ, em decisão sempre lembrada, afirmou que "a suscitação do incidente de uniformização de jurisprudência em nosso sistema constitui faculdade, não vinculando o juiz, sem embargo do estímulo e do prestígio que se deve dar a esse louvável e belo instituto".[216]

Daí porque ser descabido qualquer recurso para forçar o tribunal a instaurar o incidente, porquanto sempre carecerá a parte de interesse recursal, já que não poderá obter posição mais vantajosa com o seu julgamento.

### 12.1.2. Procedimento da uniformização da jurisprudência

O procedimento do incidente de uniformização da jurisprudência não é dado de forma minuciosa pelo CPC. Os artigos do Capítulo I do Título IX limitam-se a dar os contornos principais,

---

[213] MOREIRA, José Carlos Barbosa. *Comentários ao código de processo civil*. 14. ed. Rio de Janeiro: Forense, 2008, v. 5, p. 14.

[214] Assim: VIGLIAR, José Marcelo Menezes. *Código de processo civil interpretado*. Antônio Carlos Marcato (coord.). 3. ed. São Paulo: Atlas, 2008, p. 1636; BUENO, Cássio Scarpinella. *Curso Sistematizado de Direito Processual Civil*. São Paulo: Saraiva, 2008, v. 5, p. 369; DIDIER JR., Fredie; CUNHA, Leonardo José Carneiro da. *Curso de Direito Processual Civil*. 7. ed. Salvador: Podium, 2009, v. 3, p. 566.

[215] Neste sentido: GRECO FILHO, Vicente. *Direito processual civil brasileiro*. 16. ed. São Paulo: Saraiva, 2003, v. 2, p. 363; SILVA, Ovídio Araújo Baptista da. *Curso de processo civil*: processo de conhecimento. 6. ed. São Paulo: Revista dos Tribunais, 2006, v. 1, p. 448; AZEM, Guilherme Beux Nassif. *Processo nos tribunais, arts. 476 a 479*, disponível em http://www.tex.pro.br, acesso em 4. abr. 2009.

[216] STJ, REsp 14755/PR, Rel. Min. Sálvio de Figueiredo Teixeira, DJ 24.02.1997 p. 3335. Na mesma linha: STJ-1ª Turma, REsp 745.363, rel. Min. Luiz Fux, j. 20.09.2007.

cabendo ao intérprete e aos regimentos internos o suprimento das lacunas.[217]

O certo é que se trata de procedimento que se desdobra em duas fases: uma que se processa perante o órgão competente para o julgamento do recurso, na qual há a verificação da admissibilidade do incidente; e outra que fica a cargo do "tribunal", isto é, o órgão competente, nos termos do regimento interno (art. 96, I, *a*, da CF),[218] para uniformizar a jurisprudência.

### 12.1.2.1. Primeira fase do procedimento

Requerida, pelas partes ou mesmo de ofício,[219] a prévia manifestação do tribunal sobre a interpretação da questão de direito posta nos autos, caberá à turma, à câmara, ao grupo de câmaras ou à seção, antes de consumado o julgamento e presentes os requisitos, deliberar pela instauração do incidente de uniformização.

O presidente da sessão deverá dar a palavra aos advogados presentes – desde que solicitado e que se trate de feito que comporte sustentação oral (art. 554, *caput*) – e depois submeterá o requerimento à votação. Aqui, limitar-se-á o órgão à verificação dos pressupostos para a instauração do incidente, isto é, à ocorrência da divergência entre órgãos do tribunal acerca da interpretação do direito, sendo inadequada manifestação sobre o acerto de uma ou outra posição.[220]

Rejeitada a suscitação de instauração do incidente, prosseguirá o órgão no julgamento. Ao revés, decidindo o órgão pelo acolhimento do pedido, em consonância com o art. 477, lavrará acórdão

---

[217] MOREIRA, José Carlos Barbosa. *Comentários ao código de processo civil*. 14. ed. Rio de Janeiro: Forense, 2008, v. 5, p. 18.

[218] Ibidem, p. 20.

[219] Tesheiner, apesar da letra da lei, refere que o incidente só deve ser suscitado pelas partes, em homenagem ao princípio do dispositivo. Segundo o autor, "o deslocamento da competência para o órgão de uniformização pode alterar o resultado do julgamento. Ora, nenhum Juiz deve ter interesse em que a decisão seja neste ou naquele sentido, favorecendo esta ou aquela parte. Aqui, como em tantas outras hipóteses, o segredo do sucesso está em contar com a confluência do interesse particular com o público" (TESHEINER, José Maria Rosa. Uniformização de Jurisprudência. *Revista da Ajuris*, v. 50, Porto Alegre, 1990, p. 178-183). No mesmo sentido, PARÁ FILHO, Tomás. A chamada uniformização de jurisprudência. *Revista de Processo*, São Paulo: Revista dos Tribunais, v. 1, n.1, jan./mar. 1976, p. 71-82. Não entendemos da mesma forma, tendo em vista que há um interesse extra-partes com a uniformização da jurisprudência.

[220] Neste sentido: ASSIS, Araken de. *Manual dos Recursos*. 2. ed. São Paulo: Revista dos Tribunais, 2008, p. 327; MOREIRA, José Carlos Barbosa. *Comentários ao código de processo civil*. 14. ed. Rio de Janeiro: Forense, 2008, v. 5, p. 18.

no qual declinará as razões para a instauração do incidente. O julgamento, destarte, ficará suspenso[221] e os autos serão remetidos ao presidente do tribunal, a quem caberá designar sessão de julgamento, respeitadas as disposições do art. 552, §§ 1º e 2º.

### 12.1.2.2. Segunda fase do procedimento

A sistemática do julgamento do incidente de uniformização de jurisprudência afasta-se, em parte, daquela prevista para o julgamento dos recursos e ações (Capítulo VII do Título X).[222]

Embora nada refira o Código, inicia-se a segunda fase com a remessa dos autos ao órgão competente e a designação de um relator.

De regra, os regimentos internos determinam que haja a redistribuição do processo no âmbito do tribunal pleno ou de seu órgão especial (art. 93, XI, da CF), mas nada impede que esta segunda fase se processe na Seção ou mesmo no Grupo.[223]

Quanto ao relator, pode, inclusive, ser o mesmo do acórdão do órgão suscitante. Isso, contudo, nem sempre é possível, porquanto pode ele não integrar o órgão competente para a uniformização.

---

[221] Consoante refere Cássio Scarpinella Bueno, "embora sejam silentes a respeito os arts. 476 a 479, o recurso em que instaurado o incidente fica sustado, isto é, não tem qualquer andamento, até que o órgão competente, indicado pelo Regimento Interno, manifeste-se sobre a questão, tudo em conformidade com o art. 477" (BUENO, Cássio Scarpinella. *Curso Sistematizado de Direito Processual Civil*. São Paulo: Saraiva, 2008, v. 5, p. 367). O RITJRS expressamente determina a suspensão do processo em seu art. 238, que dispõe: "Aprovada a proposição, será sobrestado o julgamento do feito e lavrado o acórdão pelo Relator se vencedor o seu voto, em caso contrário, pelo Relator que for designado".

[222] MOREIRA, José Carlos Barbosa. *Comentários ao código de processo civil*. 14. ed. Rio de Janeiro: Forense, 2008, v. 5, p. 21.

[223] Entendimento diverso parece ter José Marcelo Menezes Vigliar, que refere que a "simples leitura do art. 478, *caput*, permite a conclusão de que a uniformização de jurisprudência propriamente considerada dar-se-á perante o tribunal (ou órgão que o representa) e não mais perante seus órgão fracionários, onde o incidente fora suscitado" (VIGLIAR, José Marcelo Menezes. *Código de processo civil interpretado*. Antônio Carlos Marcato (coord.). 3. ed. São Paulo: Atlas, 2008, p. 1638). Discordamos, contudo. Isto porque o art. 101, *caput*, § 4º, da LC 35/79, ao admitir a divisão dos tribunais em órgãos fracionários, como câmaras, turmas e seções, afirma que cada qual funcionará como o próprio tribunal. Destarte, quando a lei fala em tribunal, está se referindo a qualquer de seus órgãos, não, necessariamente, ao seu tribunal pleno ou órgão especial. Aliás, em diversos dispositivos legais há a referência a 'tribunal', sem que com isso se queira designar exclusivamente o tribunal pleno ou seu órgão especial, mas qualquer de seus órgãos. Veja-se, *v.g.*, o art. 553, que preceitua que "nos embargos infringentes e na ação rescisória, devolvidos os autos pelo relator, a secretaria do tribunal expedirá cópias autenticadas do relatório e as distribuirá entre os juízes que compuserem o tribunal competente para o julgamento".

Não prevê o CPC a necessidade de revisor,[224] mas não se vê óbice a que o regimento interno o faça, o que só milita em favor da qualidade do julgamento,[225] se for efetiva, e não meramente formal.

Tais matérias, dentre outras, todavia, são reservadas aos regimentos internos dos tribunais. O RITJRS, por exemplo, dispõe, no parágrafo único do art. 241, que "o incidente de uniformização será distribuído, se possível, ao mesmo Relator do acórdão ou outro julgador do órgão suscitante".

Realizados atos prévios necessários, olvidados pelo CPC,[226] será o feito incluído em pauta que, naturalmente, deverá ser publicada no órgão oficial e afixada na entrada da sala de sessões, tudo em consonância com o art. 552, §§ 1º e 2º.

Não se olvide que, antes do julgamento, deverá ser ouvido o Ministério Público, consoante imposição do parágrafo único do art. 478. O dispositivo, aliás, designa para a manifestação o chefe do Ministério Público. Decerto, contudo, pode a função de *custos legis* ser exercida por qualquer membro do Ministério Público, na representação do Procurador-Geral. A intervenção do Ministério Público justifica-se em todos os casos, tendo em vista a sua função institucional de proteção da ordem jurídica (art. 127 da CF).[227]

Em razão de os efeitos do julgamento do incidente de uniformização transcenderem o direito das partes no caso concreto em que instaurado, já que dele poderá se originar súmula que, embora não tenha efeitos vinculantes, terá papel relevante nos julgamentos futuros, a moderna doutrina já defende a possibilidade de participação do *amicus curiae* no julgamento do incidente.[228]

---

[224] O RITJRS dispensa o revisor, o que fica evidente no parágrafo único do art. 242, no qual se refere à ordem de votação nos seguintes termos: "depois do Relator, votarão, na medida do possível, os Relatores dos feitos indicados como determinantes da divergência existente; serão recolhidos a seguir os votos dos demais julgadores, a começar pelo que se segue ao Relator do processo".

[225] Araken de Assis refere ser necessária a designação de revisor, desde que cabível no recurso ou na causa em que se provocou a uniformização (ASSIS, Araken de. *Manual dos Recursos*. 2. ed. São Paulo: Revista dos Tribunais, 2008, p. 330).

[226] ASSIS, Araken de. *Manual dos Recursos*. 2. ed. São Paulo: Revista dos Tribunais, 2008, p. 330.

[227] VIGLIAR, José Marcelo Menezes. *Código de processo civil interpretado*, Antônio Carlos Marcato (coord.). 3. ed. São Paulo: Atlas, 2008, p. 1634-1635.

[228] Este é o entendimento defendido com propriedade por Cassio Scapinella Bueno (BUENO, Cássio Scarpinella. *Curso Sistematizado de Direito Processual Civil*. São Paulo: Saraiva, 2008, v. 5, p. 369).

Todos os componentes do órgão deverão receber cópias do acórdão que reconheceu a divergência, consoante determina o art. 477. Imprescindível que estas cópias sejam alcançadas aos julgadores com antecedência, de forma que possam conhecer e estudar a questão antes de se posicionar. Contudo, a inobservância de tal formalidade não nulifica o julgamento, considerando que o julgador, sempre que não se sentir apto a proferir o voto, pode requer a vista dos autos,[229] nos termos do art. 555, § 2º.[230]

É dado ao órgão, antes de deliberar, reexaminar o cabimento do incidente, ou seja, verificar a presença dos pressupostos de admissibilidade, notadamente a existência de dissídio jurisprudencial. Tal possibilidade é extraída da primeira parte do art. 478, que fala em "reconhecimento da divergência".

Decidindo o órgão por inadmiti-lo, colocará fim ao incidente determinando o retorno dos autos ao órgão de origem, que julgará livremente, adotando qualquer dos posicionamentos.

De outro lado, admitindo o incidente, afirmando a existência do dissídio, passará o órgão a deliberar. Esta deliberação se dará em sessão pública, devendo cada um dos julgadores proferir seu voto fundamentado, sendo admitido que apenas adira a fundamentação lançada por outro membro.[231] Finalizada a votação, o presidente computará os votos e declarará o resultado do julgamento, que representará a opção do tribunal por uma das teses confrontadas.

A decisão é irrecorrível, pois não ultimado, efetivamente, o julgamento da causa, não havendo prejuízo às partes. Neste sentido, aliás, a Súmula 513 do STF que dispõe que "a decisão que enseja a interposição de recurso ordinário ou extraordinário, não é a do plenário que resolve o incidente de inconstitucionalidade, mas a do órgão (câmaras, grupos ou turmas) que completa o julgamento do feito". Caberá, todavia, embargos de declaração para suprir eventual omissão, contradição ou obscuridade na decisão do órgão superior.[232]

Impróprio o tribunal manifestar-se acerca de qualquer outra questão, seja de fato ou de direito. Não cabe ao órgão unificador,

---

[229] ASSIS, Araken de. *Manual dos Recursos*. 2. ed. São Paulo: Revista dos Tribunais, 2008, p. 331.
[230] Conferir infra item específico – Pedido de vista.
[231] SANCHES, Sidney. *Uniformização da jurisprudência*. São Paulo: Revista dos Tribunais, 1976, p. 41-42.
[232] ASSIS, Araken de. *Manual dos Recursos*. 2. ed. São Paulo: Revista dos Tribunais, 2008, p. 333.

outrossim, "aplicar à espécie a interpretação fixada: isto competirá ao órgão suscitante".[233]

Nos termos do art. 479, verificado que o julgamento foi tomado pelo voto da maioria absoluta dos membros que integram o tribunal, será objeto de súmula e constituirá precedente na uniformização da jurisprudência.

Afora isso, a interpretação prevalente, como já se disse, há de ser adotada no julgamento em que suscitado o incidente,[234] com o retorno dos autos e a retomada do julgamento.

### 12.1.2.3. Retorno dos autos ao órgão originário, retomada e finalização do julgamento

Lavrado o acórdão que retratará a tese vencedora, os autos retornarão ao órgão originário no qual o incidente foi suscitado. Por exemplo, suscitado o incidente na Primeira Câmara Cível do Tribunal de Justiça do Rio Grande do Sul, será julgado pelo Órgão Especial e, posteriormente, retornará à Primeira Câmara Cível para conclusão do julgamento.

O julgamento, então, prosseguirá normalmente: sustentação oral, quando requerida e admissível, manifestação do Ministério Público, sendo hipótese, e declaração do resultado.

Contudo, a interpretação a ser dada à questão de direito, neste ponto, já estará definida. A tarefa do órgão originário, desta forma, será a de efetuar "a subsunção da tese fixada no órgão superior, inexoravelmente incorporada ao julgamento da espécie, ao esquema de fato da causa ou do recurso".[235]

Por isso, em determinados casos, quando o recurso versar matéria exclusivamente de direito e toda esta matéria houver sido objeto do incidente, o recurso estará prejulgado, não havendo como o órgão originário se afastar do decidido pelo órgão superior.[236]

De outro lado, em hipóteses em que se destacam questões de fato ao lado das de direito, a sequência do julgamento poderá surpreender e a parte aparentemente favorecida no incidente sucumbir.

---

[233] MOREIRA, José Carlos Barbosa. *Comentários ao código de processo civil*. 14. ed. Rio de Janeiro: Forense, 2008, v. 5, p. 23.
[234] Cf. item próprio: Vinculação.
[235] ASSIS, Araken de. *Manual dos Recursos*. 2. ed. São Paulo: Revista dos Tribunais, 2008, p. 333.
[236] Idem, ibidem.

### 12.1.3. Efeito vinculante da decisão

A decisão tomada no incidente de uniformização de jurisprudência vincula o julgamento do qual se originou, mesmo porque é parte do julgamento da causa. Não pode, desta forma, o órgão colegiado que solicitou o pronunciamento prévio do tribunal sobre a interpretação do direito deixar de adotar o entendimento que se sagrou vitorioso no âmbito do órgão competente para a uniformização (tribunal pleno ou do respectivo órgão especial).[237] Isso, aliás, é o que justifica o fato de se tratar de um incidente que enseja a suspensão do processo.[238]

Não ficam obrigados, contudo, os órgãos do tribunal a adotar a interpretação definida no incidente em outros julgamentos.[239]

Com efeito, com o julgamento do incidente, além da definição da tese jurídica a ser adotada no caso concreto, se obterá apenas uma maior segurança em relação ao entendimento majoritário da Corte relativamente a determinada questão de direito, aumentando-se a previsibilidade dos julgamentos – o que é altamente desejado –, consistindo "um *plus* em relação ao efeito comum e constante do julgamento".[240]

É verdade que, consoante o art. 479, *caput*, a tese obtida por intermédio do voto da maioria absoluta dos membros do tribunal dará ensejo à formação de súmula[241] e constituirá precedente na

---

[237] Como diz Sérgio Porto, "uma vez fixada a tese jurídica pelo tribunal, a decisão que apreciou o incidente tem efeito vinculante em relação à demanda na qual o incidente foi provocado, não podendo, portanto, a Câmara, Turma, Grupo de Câmaras ou Câmaras Reunidas deixar de considerar a tese jurídica vencedora naquele caso concreto ensejador do incidente. Não fora assim, não teria sentido o incidente de uniformização" (PORTO, Sérgio Gilberto. *Comentários ao código de processo civil*. São Paulo: Revista dos Tribunais, 2000, v. 6, p. 247).

[238] Nas palavras de Cassio Scarpinella Bueno, "embora sejam silentes a respeito os arts. 476 a 479, o recurso em que instaurado o incidente fica sustado, isto é, não tem qualquer andamento, até que o órgão competente se manifeste sobre a interpretação que deverá ser dada à questão sobre a qual há divergência no Tribunal (BUENO, Cássio Scarpinella. *Curso Sistematizado de Direito Processual Civil*. São Paulo: Saraiva, 2008, v. 5, p. 367).

[239] Neste sentido: BERMUDES, Sérgio. *Introdução ao processo civil*. 4. ed. Rio de Janeiro: Forense, 2006, p. 187. Também CÂMARA, Alexandre Freitas. *Lições de Direito Processual Civil*. 4. ed. São Paulo: Lumen Juris, 2001.

[240] MOREIRA, José Carlos Barbosa. *Comentários ao código de processo civil*. 14. ed. Rio de Janeiro: Forense, 2008, v. 5, p. 26.

[241] "As chamadas 'súmulas' são a cristalização de entendimentos jurisprudenciais que predominam nos Tribunais em certo espaço de tempo. A palavra quer indicar as decisões reiteradamente proferidas em determinado sentido pelos Tribunais. Não se trata de verificar a ocorrência de um ou outro julgamento em dado sentido mas, bem mais amplamente, de constatar *objetivamente* a tendência de que o Tribunal ou, quando menos, seus órgãos fracionários, tendem a decidir certas questões de determinadas forma. Súmula é indicativo de *jurisprudência*, e não de *julgados*". (BUENO, Cássio Scarpinella. *Curso Sistematizado de Direito Processual Civil*. São Paulo: Saraiva, 2008, v. 5, p. 371).

uniformização de jurisprudência. Contudo, as súmulas, com exceção daquelas tratadas no art. 103-A da CF (súmulas vinculantes), sequer são obrigatoriamente adotadas no tribunal na qual foram editadas, nada obstante o esforço que impinge o tribunal na sua criação. Daí, segundo voz autorizada, explica-se "a relutância em usar mecanismo tão dispendioso, quanto frágil nos efeitos. Firma-se precedente, mas a ser observado pela lei do menor esforço".[242]

## 12.2. Afetação do julgamento (incidente de relevante questão de direito ou incidente de prevenção da infringência)

O § 1º do art. 555[243] prevê incidente que a doutrina, em completa dissensão, denomina ora de *incidente de relevante questão de direito*, ora de *afetação do julgamento*,[244] ora de *prevenção da infringência*,[245] ora, ainda, de *incidente de deslocamento para julgamento do recurso*.[246]

A denominação, contudo, em nada altera a natureza das coisas. Como disse Julieta, do alto da sacada, a Romeu, em uma das passagens mais célebres da obra de Shakespeare, "o que há num

---

[242] Araken de Assis, com a perspicácia e honestidade que lhe são peculiares, menciona: "entre nós, ressalva feita às decisões do STF (art. 103-A), os enunciados jurisprudenciais insertos na súmula não exibem força de lei – são apenas prejulgados ou precedentes, sem nenhuma eficácia especial, inclusive para os membros do tribunal, apesar das disposições regimentais em contrário, simples exortação para os juízes em casos similares. Dir-se-á que os corpos julgadores do tribunal empreenderam um esforço descomunal, causa de elastério do processo, recolheram numerosos sufrágios em favor de uma das teses, para produzirem efeitos frágeis e parcos. A isso se resume, na realidade, a súmula: simples enunciado visando encerrar as vacilações da jurisprudência e, sob determinadas circunstâncias, prestimoso auxílio no julgamento de recursos e causas (*v.g.*, art. 557, *caput*) porque a respectiva invocação isenta o relator do dever de maiores fundamentações. Explica-se, assim, a relutância em usar mecanismo tão dispendioso, quanto frágil nos efeitos. Firma-se precedente, mas a ser observado pela lei do menor esforço". (ASSIS, Araken de. *Manual dos Recursos*. 2. ed. São Paulo: Revista dos Tribunais, 2008, p. 332).

[243] Art. 555, § 1º. Ocorrendo relevante questão de direito, que faça conveniente prevenir ou compor divergência entre câmaras ou turmas do tribunal, poderá o relator propor seja o recurso julgado pelo órgão colegiado que o regimento indicar; reconhecendo o interesse público na assunção de competência, esse órgão colegiado julgará o recurso. (Incluído pela Lei nº 10.352, de 26.12.2001)

[244] Termo cunhado por Araken de Assis (ASSIS, Araken de. *Manual dos Recursos*. 2. ed. São Paulo: Revista dos Tribunais, 2008, p. 343).

[245] Como preferem PORTO, Sérgio Gilberto; USTÁRROZ, Daniel. *Manual dos Recursos Cíveis*. Porto Alegre: Livraria do Advogado, 2007, p. 200.

[246] Denominação utilizada por DIDIER JR., Fredie; CUNHA, Leonardo José Carneiro da. *Curso de Direito Processual Civil*. 7. ed. Salvador: Podium, 2009, v. 3, p. 568. Como preferem PORTO, Sérgio Gilberto; USTÁRROZ, Daniel. *Manual dos Recursos Cíveis*. Porto Alegre: Livraria do Advogado, 2007, p. 200.

simples nome? O que chamamos rosa, sob uma outra designação teria igual perfume. Assim Romeu, se não tivesse o nome de Romeu, conservaria a tão preciosa perfeição que dele é sem esse título. Romeu risca teu nome e, em troca dele, que não é parte alguma de ti mesmo, fica comigo inteiro".

Importa que o § 1º do art. 555 trata de ferramenta que permite a remessa de um recurso que contenha questão de interesse público, com repercussão extra-partes, a um órgão de hierarquia interna superior,[247] de composição mais ampla, com o fito de fixar a orientação do tribunal, prevenindo ou compondo divergências internas sobre a matéria.

O desiderato, como se vê, é o mesmo da uniformização de jurisprudência, constituindo-se mais uma ferramenta em favor da harmonização das correntes jurisprudenciais dentro dos tribunais, com o intuito de tornar congruentes e previsíveis os julgamentos de causas repetitivas[248] e abreviar a sua marcha processual.[249]

A norma em comento tratou de dar apenas as diretrizes básicas para o procedimento a ser adotado no julgamento deste incidente, relegando aos regimentos internos a missão de estruturar o seu julgamento, que, decerto, se assemelhará ao da uniformização da jurisprudência.

Com efeito, especifica o CPC os pressupostos de cabimento do incidente – existência de questão de direito concreta, apuração da divergência atual ou potencial, reconhecimento da relevância pública da uniformidade –, além da competência de iniciativa de sua instauração – relator.[250] Afora isto, apenas dá pistas de quem deve ser o órgão competente para o juízo de admissibilidade definitivo do incidente, bem como para o julgamento do próprio recurso em caso de ter sido reconhecida a conveniência da assunção do julgamento – órgão colegiado que o regimento indicar, que se intui, deverá ser órgão que tenha competência para uniformizar julgados.

A lei (art. 555, § 1º) reserva a propositura do incidente ao relator, mas isso não impede que qualquer membro do colegiado e

---

[247] TEIXEIRA, Sálvio de Figueiredo. *Código de processo civil anotado*. 7. ed. São Paulo: Saraiva, 2003, p. 425.

[248] ASSIS, Araken de. *Manual dos Recursos*. 2. ed. São Paulo: Revista dos Tribunais, 2008, p. 343.

[249] PORTO, Sérgio Gilberto; USTÁRROZ, Daniel. *Manual dos Recursos Cíveis*. Porto Alegre: Livraria do Advogado, 2007, p. 200.

[250] ASSIS, Araken de. *Notas sobre o Direito Transitório na Lei 10.352/2001*. Disponível em http://www.tjrs.gov.br, acesso em 12 fev. 2009.

também as partes suscitem o incidente.[251] De toda sorte, independente de quem for o autor da iniciativa, tocará ao colegiado (órgão fracionário em que for proposto o incidente) examinar a presença ou não dos pressupostos e decidir pelo acolhimento ou rejeição da proposta de afetação do julgamento.[252]

Apesar da semelhança, diferencia-se da uniformização da jurisprudência[253] em razão de haver a efetiva alteração da competência de julgamento, ficando a cargo do órgão para o qual foi encaminhado o feito realizar o integral julgamento do recurso, não havendo retorno dos autos ao órgão suscitante[254] – como ocorre no incidente de uniformização da jurisprudência[255] –, a menos que não se reconheça o interesse público na questão trazida nos autos a justificar a assunção da competência.

A diferença, aliás, é o que faz o instituto algo mais promissor que o seu coirmão do art. 476. Dispensando o retorno dos autos ao órgão originariamente competente, economiza-se tempo e energia.

Tal vantagem, possivelmente, fará o incidente de uniformização de jurisprudência perder largamente terreno. Mas assim sucedem as coisas. Muitas vezes – tomando de empréstimo palavras de Euclides da Cunha –, como se dá nos planetas que têm seus pólos antagônicos, "para que um se inunde de luz faz-se indispensável ao outro a imersão na sombra".[256]

### 12.2.1. Pressupostos de admissibilidade do incidente de afetação do julgamento

Como já se referiu, extrai-se do § 1º do art. 555 os seguintes pressupostos para a instauração do incidente de afetação do julgamento: a) que o julgamento esteja em curso: o recurso precisa se encontrar em mesa. A proclamação do resultado afasta a possibilidade de instauração do incidente; b) a divergência de entendi-

---

[251] Assim: FUX, Luiz. *Curso de direito processual civil*. Rio de Janeiro: Forense, 2004, p. 975.

[252] ASSIS, Araken de. *Manual dos Recursos*. 2. ed. São Paulo: Revista dos Tribunais, 2008, p. 345.

[253] Além da semelhança com o atual incidente de uniformização de jurisprudência, Ernani Fidélis dos Santos lembra que "o instituto tem certa semelhança com o antigo recurso de revista, que objetivava a unificação da jurisprudência do próprio tribunal, embora pareça, agora, ter uma extensão maior" (SANTOS, Ernani Fidélis dos. *Curso de direito processual civil*. 13. ed. São Paulo: Saraiva, 2009, v. 1, p. 723).

[254] FUX, Luiz. *Curso de direito processual civil*. Rio de Janeiro: Forense, 2004, p. 975.

[255] Ver item 9.2 infra.

[256] MATOS, Miguel. *Migalhas de Euclides da Cunha*. São Paulo: Migalhas, 2009, p. 196.

mentos acerca da *quaestio iuris* entre órgãos do tribunal; c) que seja reconhecida a relevância pública da uniformização, isto é, a harmonização das correntes existentes dentro da Corte ser capaz de influenciar o julgamento de numerosos casos idênticos.[257]

Os dois primeiros pressupostos também são exigidos no incidente de uniformização da jurisprudência. O terceiro, contudo, é exclusivo do incidente de afetação do julgamento. Com efeito, para a instauração do incidente de uniformização da jurisprudência, não se exige que a questão a ser enfrentada se afigure relevante questão de direito ao ponto de se tornar conveniente que se previna ou componha a divergência entre câmaras ou turmas do tribunal.

### 12.2.2. Procedimento do incidente de afetação do julgamento

Na esteira do que preceitua o § 1º do art. 555, verificando o relator ou qualquer dos julgadores – ainda que alertados pelas partes ou pelo Ministério Público – que o caso a ser julgado contém relevante questão de direito que provavelmente receba resposta divergente na câmara ou turma, proporá que o recurso seja diretamente julgado pelo órgão competente, conforme o regimento interno, para dirimir divergências, que, em regra, é a seção especializada,[258] mas em alguns casos pode ser a turma,[259] o órgão especial[260] ou mesmo o tribunal pleno.[261]

---

[257] ASSIS, Araken de. *Manual dos Recursos*. 2. ed. São Paulo: Revista dos Tribunais, 2008, p. 345.

[258] Conforme Ernani Fidelis dos Santos, "o regimento interno do tribunal é que deve indicar o órgão competente para a uniformização de julgamentos. A Lei Orgânica da Magistratura, todavia, ao tratar da uniformização de jurisprudência, estabelece a competência das chamadas Seções Especializadas, ou Seções agrupadas em razão de especialização específica, de acordo com a área de especialização, para a uniformização de jurisprudência. Os tribunais, na área cível, poderão ter seções especializadas, uma ou várias, como de direito público, privado, de família, tributária, mas o comum é se formarem em área simplesmente cível e criminal, caso em que a seção cível comporta todas as câmaras, turmas ou grupos respectivos e, em conseqüência, no conjunto, terá competência para uniformização de jurisprudência, critério que, naturalmente, para a uniformização de julgamentos, deve ser seguido pelo regimento interno" (SANTOS, Ernani Fidélis dos. *Curso de direito processual civil*. 13. ed. São Paulo: Saraiva, 2009, v. 1, p. 723).

[259] Como estabelece o RITJRS em seu art. 13, que tem a seguinte redação: Às Turmas de Julgamento compete: *I – uniformizar a jurisprudência cível*; II – julgar: a) os embargos declaratórios opostos aos seus acórdãos; *b) os recursos dos feitos que, envolvendo relevante questão de Direito, se faça conveniente prevenir ou compor divergências entre Câmaras ou Grupos [...]* (grifei).

[260] Nos termos do que estabelece o RITRF-1 no seu art. 18, IV, para a hipótese de, originariamente, a competência ser da Seção ou da Turma, mas for conveniente o julgamento pela Corte Especial. Refere a norma: Art. 18. As seções e as turmas poderão remeter os feitos de sua competência à Corte Especial: I – se houver relevante argüição de inconstitucionalidade,

Colocada a questão em votação, pode ser rejeitada a proposição de afetação do julgamento – o que ensejará o prosseguimento do julgamento do recurso pelo órgão ordinariamente competente – ou pode ser acolhida – o que determinará a suspensão do julgamento e a remessa dos autos a um órgão de composição mais ampla.

Levado o recurso ao órgão *ad quem* pelo próprio relator originário ou por quem o regimento indicar, novamente será avaliada a pertinência da afetação do julgamento: havendo a recusa, os autos retornam ao órgão originariamente competente, que deverá prosseguir no julgamento. De outro lado, aceita a remessa, o órgão *ad quem* prosseguirá julgando o próprio recurso.

No mais, em especial no que tange à intervenção do Ministério Público e à participação do *amicus curiae*, aplicam-se as mesmas diretrizes concernentes ao incidente de uniformização de jurisprudência.

### 12.2.3. Efeitos da decisão

A exemplo do que ocorre no incidente de uniformização da jurisprudência, a decisão surtirá efeitos apenas entre as partes, isto é, resolverá tão somente o caso concreto.

Não ficarão os órgãos do tribunal obrigados a adotar nos julgamentos posteriores a tese jurídica vencedora, o que reflete a fragilidade do instituto, como já observado por doutrina respeitada.[262]

---

desde que a matéria ainda não tenha sido decidida pela Corte Especial ou pelo Supremo Tribunal Federal; II – se algum dos desembargadores federais propuser revisão da jurisprudência assentada em súmula pela Corte Especial ou, ainda, em matéria constitucional; III – se houver questão relevante sobre a qual divirjam as seções entre si ou alguma delas em relação à Corte Especial; *IV – se convier pronunciamento da Corte Especial em razão da relevância da questão jurídica ou da necessidade de prevenir divergência entre as seções* (grifei).

[261] Como estabelece o RITRF-3 no seu art. 17, III, para a hipótese de, originariamente, a competência ser da Seção ou da Turma, mas for conveniente o julgamento pelo Pleno. Refere a norma: Art. 17. As Seções e as Turmas poderão remeter os feitos de sua competência ao Plenário: I – quando algum dos Desembargadores Federais propuser revisão da jurisprudência assentada em Súmula, pelo Plenário, ou ainda em matéria constitucional; II – quando houver questão relevante sobre a qual divirjam as Seções entre si ou alguma delas em relação ao Plenário; *III – quando convier pronunciamento do Plenário em razão da relevância da questão jurídica, ou da necessidade de prevenir divergência entre as Seções* (grifei).

[262] ASSIS, Araken de. *Manual dos Recursos*. 2. ed. São Paulo: Revista dos Tribunais, 2008, p. 347.

A tese, todavia, poderá dar ensejo à formação de súmula,[263] desde que alcance o *quorum* exigido no regimento interno.[264] Todavia, como já disse ao examinar o incidente de uniformização de jurisprudência, as súmulas, ressalvadas as chamadas "vinculantes" (art. 103-A da CF), não são de adoção obrigatória sequer pelos órgãos do tribunal na qual foram editadas.

### 12.3. Declaração incidental de inconstitucionalidade

A declaração incidental de inconstitucionalidade é instrumento que objetiva a definição acerca da constitucionalidade ou não de determinada lei[265] ou ato normativo do Poder Público no âmbito do tribunal.[266] Para tanto, impõe o sobrestamento do julgamento e o destaque da questão sobre a constitucionalidade da lei ou ato normativo, que será apreciada separadamente da causa em julgamento.[267]

Consagra o instituto – previsto nos arts. 480 e seguintes – uma das modalidades de controle de constitucionalidade adotadas pelo direito brasileiro vigente: o controle difuso, incidental, que, junto com o controle concentrado, direto, forma o arcabouço do eclético sistema pátrio de controle de constitucionalidade.

---

[263] "As chamadas 'súmulas' são a cristalização de entendimentos jurisprudenciais que predominam nos Tribunais em certo espaço de tempo. A palavra quer indicar as decisões reiteradamente proferidas em determinado sentido pelos Tribunais. Não se trata de verificar a ocorrência de um ou outro julgamento em dado sentido mas, bem mais amplamente, de constatar *objetivamente* a tendência de que o Tribunal ou, quando menos, seus órgãos fracionários, tendem a decidir certas questões de determinadas forma. Súmula é indicativo de *jurisprudência*, e não de *julgados*". (BUENO, Cássio Scarpinella. *Curso Sistematizado de Direito Processual Civil*. São Paulo: Saraiva, 2008, v. 5, p. 371).

[264] ASSIS, Araken de. *Manual dos Recursos*. 2. ed. São Paulo: Revista dos Tribunais, 2008, p. 347.

[265] No dizer de Barbosa Moreira, "por *lei* entende-se aqui, antes de tudo, o ato *formalmente* legislativo, quer corresponda, quer não, ao conceito de *lei* do ponto de vista *material*. A argüição pode visar, indiferentemente, a lei complementar ou a lei ordinária. Abrange também o art. 480 a argüição da inconstitucionalidade de emenda à Constituição, de lei delegada, de medida provisória, de decreto legislativo, de resolução, de decreto regulamentar ou de ato normativo emanado de qualquer órgão do poder público, inclusive normas dos próprios regimentos internos dos tribunais" (MOREIRA, José Carlos Barbosa. *Comentários ao código de processo civil*. 14. ed. Rio de Janeiro: Forense, 2008, v. 5, p. 36).

[266] Não se trata, logo se vê, de recurso, já que não tem por fim obter a reforma, a cassação ou o esclarecimento de decisão. Afora isto, pode ser suscitada de ofício por qualquer membro do tribunal e não está sujeita a prazo peremptório, podendo ser arguida a qualquer tempo (Neste sentido: SOUZA, Bernardo Pimentel. *Introdução aos Recursos Cíveis e à Ação Rescisória*. 4. ed. São Paulo: Saraiva, 2007, p. 149).

[267] SCARPINELLA BUENO, Cássio. *Código de processo civil interpretado*. Antônio Carlos Marcato (coord.). 3. ed. São Paulo: Atlas, 2008, p. 1640.

O controle concentrado ou direto, de regra, se dá por meio de "ação direta de inconstitucionalidade ou ação declaratória de constitucionalidade, regulamentadas pela Lei nº 9.868/99, propostas originariamente no STF (CF, art. 102, I, *a*) ou, no caso das ações diretas de inconstitucionalidade, também perante os Tribunais de Justiça dos Estados-membros (CF, art. 125, § 2º, Constituição do Estado de São Paulo, arts. 74, inciso VI, e 90)".[268]

Nos interessa, neste ponto, o controle incidental.

No sistema brasileiro a qualquer juiz de primeiro grau é dado examinar, incidentalmente, a constitucionalidade de lei ou ato normativo e, conforme o caso, declarar a sua inconstitucionalidade.

De outro lado, sendo a alegação de inconstitucionalidade ventilada no tribunal, por mais incongruente que pareça, a nenhum de seus órgãos, exceto o plenário ou o órgão especial, cabe proclamar a inconstitucionalidade incidentalmente, a menos que já haja pronunciamento sobre a questão,[269] consoante preceitua o parágrafo único do art. 481.[270]

Isso porque a Constituição Federal, em seu art. 97, assim exige ao consagrar a cláusula de reserva de plenário ou *full bench*, dispondo que "somente pelo voto da maioria absoluta de seus membros ou dos membros do respectivo órgão especial poderão os tribunais declarar a inconstitucionalidade de lei ou ato normativo do Poder Público".

Destarte, arguida "a inconstitucionalidade de lei ou ato normativo do poder público perante órgão fracionário de tribunal, a respectiva declaração está condicionada à instauração do incidente previsto nos arts. 480 e seguintes do Código de Processo Civil".[271]

O desrespeito da regra da reserva de plenário poderá ser alegada em recurso extraordinário, sob o fundamento de violação do texto da constituição. A prévia oposição de embargos com intuito

---

[268] SCARPINELLA BUENO, Cássio. *Código de processo civil interpretado*. Antônio Carlos Marcato (coord.). 3. ed. São Paulo: Atlas, 2008, p. 1640.

[269] ASSIS, Araken de. *Manual dos Recursos*. 2. ed. São Paulo: Revista dos Tribunais, 2008, p. 334.

[270] Art. 481. Se a alegação for rejeitada, prosseguirá o julgamento; se for acolhida, será lavrado o acórdão, a fim de ser submetida a questão ao tribunal pleno. Parágrafo único. Os órgãos fracionários dos tribunais não submeterão ao plenário, ou ao órgão especial, a argüição de inconstitucionalidade, quando já houver pronunciamento destes ou do plenário do Supremo Tribunal Federal sobre a questão.

[271] SOUZA, Bernardo Pimentel. *Introdução aos Recursos Cíveis e à Ação Rescisória*. 4. ed. São Paulo: Saraiva, 2007, p. 149.

de suprir a omissão e prequestionar a questão dá nova chance ao tribunal de adequar o julgamento à exigência constitucional.[272]

Transitado em julgado o acórdão, tendo em vista a literal violação da lei, admissível a ação rescisória com fundamento no inciso V do art. 485.[273]

### 12.3.1. Legitimação e momento para a suscitação do incidente de inconstitucionalidade de lei

O incidente pode ser suscitado por qualquer das partes, pelo Ministério Público, pelo relator ou qualquer dos julgadores.

As partes, em regra, alegam a inconstitucionalidade em primeiro grau, em suas peças, especialmente na inicial e na contestação, estabelecendo o debate sobre a constitucionalidade desde então. Nada impede, entretanto, que a questão seja trazida apenas em sede recursal. Imagine-se, por exemplo, que a sentença foi fundamentada em determinada lei que não havia, ainda, sido mencionada por qualquer das partes – o que é perfeitamente admissível, considerando que às partes cabe dar os fatos e ao juiz cumpre dar o direito. Decerto, entendendo o sucumbente que a lei invocada pela sentença afronta a constituição, poderá em razões de apelação alegar a sua inconstitucionalidade.

Mas a chance de as partes suscitarem a inconstitucionalidade não se esgota com a apresentação do recurso ou das contrarrazões. Como o incidente pode ser instaurado mesmo de ofício, não há qualquer óbice a que a questão seja trazida por simples petição atravessada aos autos já em sede recursal ou mesmo na tribuna durante a sustentação oral.[274]

O Ministério Público, preferencialmente, suscita a inconstitucionalidade no seu parecer escrito ou ao se pronunciar na sessão de julgamento.

O relator, em regra, independente de ter percebido a questão por conta própria ao examinar os autos ou de ter sido provocado, expõe o problema ao lhe ser dada a palavra pelo presidente da sessão para proferir o seu voto.

---

[272] DIDIER JR., Fredie; CUNHA, Leonardo José Carneiro da. *Curso de Direito Processual Civil.* 7. ed. Salvador: Podium, 2009, v. 3, p. 569.
[273] ASSIS, Araken de. *Manual dos Recursos.* 2. ed. São Paulo: Revista dos Tribunais, 2008, p. 339.
[274] Ibidem, p. 335.

Os demais julgadores encontram o momento ideal para suscitar a inconstitucionalidade de lei ao votarem durante a sessão de julgamento.

Todavia, enquanto não proclamado o resultado do julgamento pelo presidente, admissível a suscitação do incidente por qualquer dos legitimados.[275]

### 12.3.2. Procedimento da declaração incidental de inconstitucionalidade

A exemplo do que sucede com o incidente de uniformização, o procedimento do incidente de inconstitucionalidade também é dividido em duas fases: uma que se desenvolve perante o órgão fracionário que o suscita e outra que transcorre no tribunal pleno ou no seu órgão especial.

### 12.3.2.1. Primeira fase do procedimento

Suscitada no tribunal, a qualquer momento antes do julgamento, pelas partes, pelo Ministério Público ou por qualquer dos julgadores, a inconstitucionalidade de determinada lei, o presidente colocará a questão em debate e, posteriormente, a submeterá à votação. O art. 480, ao mencionar que o relator submeterá a questão à turma ou câmara a que tocar o conhecimento do processo, se mostra incompleto. Com efeito, nem sempre a questão será trazida pelo relator e por ele submetida ao colegiado.[276] Como exposto no item anterior, a inconstitucionalidade pode ser aventada na sustentação oral, no pronunciamento do Ministério Público ou no voto de um dos outros julgadores.

Submetida a questão à votação – sempre com a prévia oitiva do Ministério Público, dado o interesse público de que se reveste a questão[277] –, pode o órgão entender ser descabida a alegação de

---

[275] Neste sentido: ASSIS, Araken de. *Manual dos Recursos*. 2. ed. São Paulo: Revista dos Tribunais, 2008, p. 335; DIDIER JR., Fredie; CUNHA, Leonardo José Carneiro da. *Curso de Direito Processual Civil*. 7. ed. Salvador: Podium: Salvador, 2009, v. 3, p. 572.

[276] Como diz Araken de Assis, "dispõe o art. 480 que o relator submeterá a questão à câmara ou à turma, 'a que tocar o conhecimento do processo'. Na verdade, o texto diz menos do que o devido, pois nem o grupo de câmaras nem a seção cível podem pronunciar a inconstitucionalidade, e diz imperfeitamente, porque nem sempre o relator provoca a apreciação da matéria. É claro que, argüida a inconstitucionalidade em voto posterior, a palavra retorna ao relator. Jamais se enxergará, nessa situação, o relator 'submetendo' a questão ao colégio" (ASSIS, Araken de. *Manual dos Recursos*. 2. ed. São Paulo: Revista dos Tribunais, 2008, p. 336).

[277] VELOSO, Zeno. *Controle jurisdicional de constitucionalidade*. Belém: CEJUP, 1999, p. 46; ASSIS, Araken de. *Manual dos Recursos*. 2. ed. São Paulo: Revista dos Tribunais, 2008, p. 336.

inconstitucionalidade, o que, nos termos do art. 481, conduzirá ao prosseguimento do julgamento, devendo constar do acórdão a votação de rejeição. Com efeito, o art. 97 da CF, ao dispor que "somente pelo voto da maioria absoluta de seus membros ou dos membros do respectivo órgão especial poderão os tribunais declarar a inconstitucionalidade de lei ou ato normativo do Poder Público", a *contrariu sensu* exclui a necessidade de julgamento pelo tribunal pleno ou seu órgão especial e de *quorum* qualificado para a declaração da constitucionalidade.[278]

A rejeição da arguição pode dar-se em razão da sua inadmissibilidade ou pela sua improcedência. O primeiro caso ocorre quando se pretende instaurar o incidente em hipóteses incabíveis como, *v.g.*, na alegação de inconstitucionalidade de ato que não seja do Poder Público,[279] ou de texto que não seja lei, ou mesmo se a lei questionada não tiver relevância para o deslinde da causa,[280] ou, ainda, quando a arguição da inconstitucionalidade já houver sido submetida ao órgão especial ou ao plenário (art. 481, parágrafo único), hipótese em que, então, é dispensada nova submissão.[281] A improcedência, de outro lado, dá-se quando o órgão afirma que o ato ou a lei questionada é constitucional.[282]

A primeira vista, pode parecer que a própria turma ou câmara competente para o feito deliberará sobre a constitucionalidade ou não da lei ou ato normativo. Contudo, em verdade, estes órgãos deliberarão tão somente acerca da admissibilidade ou não da instauração do incidente de inconstitucionalidade.[283]

---

[278] MOREIRA, José Carlos Barbosa. *Comentários ao código de processo civil*. 14. ed. Rio de Janeiro: Forense, 2008, v. 5, p. 40.

[279] Ibidem, p. 41.

[280] SCARPINELLA BUENO, Cássio. *Código de processo civil interpretado*. Antônio Carlos Marcato (coord.). 3. ed. São Paulo: Atlas, 2008, p. 1641.

[281] Conforme Araken de Assis, "o art. 481, parágrafo único, criou caso especial de inadmissibilidade. E, de fato, realizada anteriormente a apreciação da inconstitucionalidade, no órgão especial ou no plenário do STF, exonera-se o órgão fracionário da necessidade de submetê-la, outra vez, ao plenário" (ASSIS, Araken de. *Manual dos Recursos*. 2. ed. São Paulo: Revista dos Tribunais, 2008, p. 337).

[282] MOREIRA, José Carlos Barbosa. *Comentários ao código de processo civil*. 14. ed. Rio de Janeiro: Forense, 2008, v. 5, p. 41.

[283] Conforme Araken de Assis, na verdade, o texto diz menos do que o devido, pois nem o grupo de câmaras nem a seção cível podem pronunciar a inconstitucionalidade, e diz imperfeitamente, porque nem sempre o relator provoca a apreciação da matéria. É claro que, arguida a inconstitucionalidade em voto posterior, a palavra retorna ao relator. Jamais se enxergará, nessa situação, o relator "submetendo" a questão ao colégio. Surgindo, nesses termos, a questão da constitucionalidade no julgamento, cumpre ao presidente promover o respectivo debate, concedendo a palavra, pela ordem, aos advogados presentes, se o feito comportar debate oral, e colher os votos dos juízes. Concebem-se dois resultados: a rejeição

Ao revés, entendendo o órgão ser pertinente a alegação de inconstitucionalidade – mesmo que por maioria simples, pois não há exigência de *quorum* qualificado[284] –, nos termos do art. 481, lavrar-se-á acórdão dando conta do acolhimento e remeter-se-ão os autos ao tribunal pleno ou a seu órgão especial (que, quando existente, exercerá as funções administrativas e jurisdicionais delegadas do tribunal pleno, consoante dispõe a Constituição Federal, em seu art. 93, XI).

Destarte, neste ponto, abre-se dupla possibilidade ao processo, nos termos do art. 481: a) a arguição é rejeitada e a câmara ou turma prossegue no julgamento ou b) a arguição é acolhida, lavrando-se acórdão e remetendo-se o feito ao tribunal pleno ou ao seu órgão especial.

A primeira hipótese, rejeição, pode ocorrer por diversos fundamentos, como, por exemplo, por se verificar que a lei taxada de inconstitucional é desimportante para o julgamento do feito ou porque não se vislumbra qualquer indício de inconstitucionalidade,[285] mostrando-se, no entender do colegiado, despicienda a remessa da questão ao tribunal pleno ou, ainda, por se verificar que se trata de lei editada anteriormente à vigência da atual Constituição, hipótese em que a incompatibilidade resolver-se-á pelas regras de direito intertemporal.[286]

Neste caso, como se antecipou, conforme dá conta a primeira parte do art. 481, o julgamento prossegue normalmente,[287] diante da própria câmara ou turma, com a análise das demais preliminares, se houverem, e, superadas estas, do mérito, como mandam os arts. 560 e 561.

A rejeição da inconstitucionalidade, como se vê, independe de *quorum* especial, mostrando-se suficiente a maioria absoluta, e não se subsume na cláusula de reserva de plenário.[288]

---

e o acolhimento (ASSIS, Araken de. *Manual dos Recursos*. 2. ed. São Paulo: Revista dos Tribunais, 2008, p. 336).

[284] Ibidem, p. 338.

[285] SCARPINELLA BUENO, Cássio. *Código de processo civil interpretado*. Antônio Carlos Marcato (coord.). 3. ed. São Paulo: Atlas, 2008, p. 1640.

[286] ASSIS, Araken de. *Manual dos Recursos*. 2. ed. São Paulo: Revista dos Tribunais, 2008, p. 337.

[287] A questão ficará, evidentemente, prequestionada para fins de recurso extraordinário (art. 102, III, da CF/1988) (ASSIS, Araken de. *Manual dos Recursos*. 2. ed. São Paulo: Revista dos Tribunais, 2008, p. 336).

[288] ASSIS, Araken de. *Manual dos Recursos*. 2. ed. São Paulo: Revista dos Tribunais, 2008, p. 336.

O acolhimento da arguição, por outro lado, dá-se quando o órgão colegiado (também independentemente de *quorum* especial) entrevê a inconstitucionalidade da lei ou do ato normativo *sub judice*,[289] nada obstante de forma não conclusiva, mas apenas indicativa, em juízo de verossimilhança.

Neste caso, lavrar-se-á acórdão no qual constará a decisão do colegiado de suspender o julgamento e submeter a alegação de inconstitucionalidade ao tribunal pleno, remetendo-se, em seguida, os autos à redistribuição a um dos seus integrantes, quando não estipulado no regimento interno que o relator será o mesmo do órgão fracionário.[290]

### 12.3.2.2. Segunda fase do procedimento

No tribunal pleno – ou no seu órgão especial – novo julgamento será levado a efeito. O processo será distribuído a um relator – que pode ou não ser o mesmo do acórdão que suscitou o incidente,[291] conforme disciplinar o Regimento Interno –, que fará a exposição do caso e encaminhará os autos ao Presidente, que designará dia para o julgamento.

Antes do julgamento, contudo, exige o art. 482 que todos os juízes do tribunal – ou todos aqueles que componham o órgão especial – recebem cópia do acórdão que admitiu o incidente. O envio da cópia do acórdão, certamente, pode ser feito por meio eletrônico.

Imperioso que este acórdão chegue aos julgadores com razoável precedência em relação à sessão, de sorte que tenham condições de estudar a alegação de inconstitucionalidade antes de se pronunciar. A inobservância de tal formalidade, todavia, não nulifica o julgamento, considerando que o julgador, sempre que não se sentir

---

[289] Conforme Cássio Scarpinella Bueno, "o acolhimento do incidente [pela Câmara ou Turma] pressupõe juízo deliberativo *tendente* à declaração de inconstitucionalidade da lei ou ato do Poder Público" (SCARPINELLA BUENO, Cássio. *Código de processo civil interpretado*. Antônio Carlos Marcato (coord.). 3. ed. São Paulo: Atlas, 2008, p. 1641-1642).

[290] É curial, como ressalta Araken de Assis, "a necessidade de relator – mencionado no art. 482, § 3º –, e, por outro lado, o relator no órgão de origem talvez não integre o órgão especial" (ASSIS, Araken de. *Manual dos Recursos*. 2. ed. São Paulo: Revista dos Tribunais, 2008, p. 339).

[291] Malgrado a sempre pertinente recomendação de Barbosa Moreira de que a relatoria preferencialmente caiba ao mesmo juiz que redigiu o acórdão no órgão fracionário (MOREIRA, José Carlos Barbosa. *Comentários ao código de processo civil*. 14. ed. Rio de Janeiro: Forense, 2008, v. 5, p. 46), muitas vezes isto não será possível, seja porque aquele julgador não compõe o órgão especial do tribunal, seja porque está licenciado ou aposentado.

pronto para proferir o voto, pode requer a vista dos autos,[292] nos termos do art. 555, § 2º.[293]

Previamente ao julgamento, ainda, observando os prazos fixados no regimento interno, poderão manifestar-se o Ministério Público e as pessoas de direito público responsáveis pela edição do ato questionado[294] (*v.g.*, Assembleia Legislativa, Câmara dos Deputados), consoante autoriza o § 1º do art. 482. No que tange ao Ministério Público, o dispositivo referido, aliás, designa para a manifestação o chefe da instituição. Decerto, contudo, pode a função de *custos legis* ser exercida por qualquer membro do Ministério Público, na representação do Procurador-Geral. A intervenção do Ministério Público justifica-se em todos os casos, tendo em vista a sua função institucional de proteção da ordem jurídica (art. 127 da CF).[295]

Possível, ademais, consoante o § 2º do artigo em comento, que haja manifestação por escrito dos órgãos e entidades legitimados para a instauração do controle abstrato e direto de lei ou ato normativo do Poder Público perante a Suprema Corte (art. 103 da CF).[296] E, em respeito ao paralelismo, admite-se, também, em se tratando de lei ou ato estadual ou local, a manifestação dos órgãos e entidades legitimados para as ações diretas de inconstitucionalidade de lei ou ato normativo frente às Constituições dos Estados[297] (art. 125, § 2º, da CF).[298]

Por fim, admissível, considerada a relevância da matéria e a representatividade dos postulantes, que o relator defira, por decisão

---

[292] ASSIS, Araken de. *Manual dos Recursos*. 2. ed. São Paulo: Revista dos Tribunais, 2008, p. 331.

[293] Conferir infra, item específico – Pedido de vista.

[294] BUENO, Cássio Scarpinella. *Curso Sistematizado de Direito Processual Civil*. São Paulo: Saraiva, 2008, v. 5, p. 390.

[295] VIGLIAR, José Marcelo Menezes. *Código de processo civil interpretado*. Antônio Carlos Marcato (coord.). 3. ed. São Paulo: Atlas, 2008, p. 1634-1635.

[296] Art. 103 da CF: Podem propor a ação direta de inconstitucionalidade e a ação declaratória de constitucionalidade: I – o Presidente da República; II – a Mesa do Senado Federal; III – a Mesa da Câmara dos Deputados; IV – a Mesa de Assembleia Legislativa ou da Câmara Legislativa do Distrito Federal; V – o Governador de Estado ou do Distrito Federal; VI – o Procurador-Geral da República; VII – o Conselho Federal da Ordem dos Advogados do Brasil; VIII – partido político com representação no Congresso Nacional; IX – confederação sindical ou entidade de classe de âmbito nacional.

[297] SCARPINELLA BUENO, Cássio. *Código de processo civil interpretado*. Antônio Carlos Marcato (coord.). 3. ed. São Paulo: Atlas, 2008, p. 1644.

[298] Art. 125. [...] § 2º Cabe aos Estados a instituição de representação de inconstitucionalidade de leis ou atos normativos estaduais ou municipais em face da Constituição Estadual, vedada a atribuição da legitimação para agir a um único órgão.

irrecorrível,[299] a manifestação de órgãos e entidades que, embora não detenham legitimidade para o controle abstrato de constitucionalidade, possam contribuir com informações pertinentes para a decisão sobre a da constitucionalidade ou não da lei ou ato normativa questionado (§ 3º do art. 482). "Esse 'interveniente', mais um exemplo seguro de que o sistema processual civil adotou, dentre as diversas formas de intervenção de terceiros, a figura do *amicus curiae* [...], tem a função de expor sua opinião acerca da constitucionalidade ou inconstitucionalidade da lei ou ato normativo".[300]

Com efeito, a intervenção processual do *amicus curiae*,[301] consoante já manifestou o STF, embora em sede de Ação Declaratória de Inconstitucionalidade, tem por escopo pluralizar o debate constitucional,[302] permitindo que outros pontos de vista sejam considerados quando examinada a constitucionalidade de lei ou ato normativo do Poder Público.[303]

Permitido o contraditório e as intervenções referidas, observadas as formalidades legais – notadamente a designação de dia para julgamento pelo presidente, a inclusão do feito em pauta, a respectiva publicação no órgão oficial, a sua afixação na entrada da sala da sessão, tudo conforme o art. 552, *caput*, e §§ 1º e 2º –, deverá o plenário ou seu órgão especial decidir acerca da constitucionalidade ou não da lei ou ato do Poder Público.

O tribunal pleno ou seu órgão especial, afora a possibilidade de reexaminar a admissibilidade do incidente – já que não fica vinculado à decisão do órgão fracionário –, limitar-se-á, no mais, a examinar a prejudicial de inconstitucionalidade que lhe foi submetida, não lhe cabendo manifestar-se acerca de lei que, nada obstante ven-

---

[299] Segundo Araken de Assis, o ato do relator que rejeitar ou admitir a intervenção de terceiros, apesar da necessidade de motivação, na hipótese versada no art. 482, § 3º, além de irrecorrível é insuscetível de mandado de segurança (ASSIS, Araken de. *Manual dos Recursos*, 2. ed. São Paulo: Revista dos Tribunais, 2008, p. 341). Em sentido contrário, admitindo o mandado de segurança, Sergio Gilberto Porto (PORTO, Sérgio Gilberto. *Comentários ao código de processo civil*. São Paulo: Revista dos Tribunais, 2000, v. 6, p. 279)

[300] BUENO, Cássio Scarpinella. *Curso Sistematizado de Direito Processual Civil*. São Paulo: Saraiva, 2008, v. 5, p. 391.

[301] Consoante Fredie Didier, o *amicus curiae* não se trata de perito, nem de *custos legis* e nem de terceiro. Como integrante do quadro dos sujeitos processuais, sua função precípua é a de contribuir com o juiz, fornecendo-lhe subsídios, esclarecimentos técnico-jurídicos, o que, a todos os títulos, parece favorecer o debate e o processo democrático. Daí a pertinência de sua denominação já consagrada: a de amigo da Corte ou, na tradução livre dos americanos, *friend of court*. (DIDIER JR., Fredie. *Recurso de terceiro – Juízo de admissibilidade*. São Paulo: Revista dos Tribunais, 2002, p. 157).

[302] STF-Pleno, ADI 2130 MC/SC, Rel. Min. Celso de Melo, DJU 2.2.2001.

[303] PORTO, Sérgio Gilberto; USTÁRROZ, Daniel. *Manual dos Recursos Cíveis*. Porto Alegre: Livraria do Advogado, 2007, p. 207.

tilada nos autos, não tem a sua constitucionalidade questionada ou que, embora questionada, teve rejeitada a argüição.[304] Com efeito, ao revés do que sucede com o conhecimento da inconstitucionalidade em causas de competência originária do tribunal pleno, que pode ser *ex officio*, no incidente sob exame, o prévio acolhimento da arguição pelo órgão fracionário é condição indispensável para que possa o tribunal pleno pronunciar-se, embora esteja livre para adotar fundamento diverso do utilizado pela câmara ou turma.[305]

Contudo, não fica o tribunal pleno adstrito à apreciação da constitucionalidade da lei frente aos artigos já indicados pelo órgão fracionário. Alcançando a questão o plenário, a inconstitucionalidade pode ser declarada por violação a preceito sequer cogitado até então. "Não há que cogitar de vinculação do tribunal a uma suposta *causa petendi*, até porque a arguição não constitui 'pedido' em sentido técnico, e as questões de direito são livremente suscitáveis, *ex officio*, pelos órgão judiciais, na área em que lhes toque exercer atividade cognitiva".[306]

Realizada a votação, será pronunciada a inconstitucionalidade havendo maioria absoluta de votos neste sentido, em obediência ao art. 97 da CF. Vale depurar: a exigência é de maioria absoluta dos membros do tribunal, e não apenas dos presentes na sessão de julgamento[307]. E tal *quorum* é logrado tão logo se obtenha um número

---

[304] Como bem explica Araken de Assis, "submeter-se-á ao órgão especial a questão constitucional consoante a deliberação tomada, e nesses limites ocorrerá o julgamento. Por exemplo: a parte impetrou mandado de segurança e alegou a inconstitucionalidade total da lei do Município X que regulou a realização de feiras, mas excedeu-se em restrições (*v.g.*, impondo a participação dos empresários locais), infringindo o princípio da livre iniciativa e o da razoabilidade. Todavia, o órgão fracionário do tribunal, apreciando a apelação, pode entender inconstitucionais tão só os arts. *x* e *y*. Em consequência, acolhe a alegação, mas parcialmente, remetendo ao órgão especial o exame de tais dispositivos. O julgamento ficará suspenso integralmente. Não é possível nele prosseguir antes de resolver a questão constitucional, via plenário, embora parcial a respectiva influência no objeto do processo. E isso porque a autoridade coatora talvez haja indeferido o pedido do impetrante com base nos arts. *x, y* e *z* da lei, e, embora procedente a impetração no tocante ao último dispositivo, porque inaplicável ao caso concreto, o *thema decidendum* ainda depende da resolução da questão constitucional" (ASSIS, Araken de. *Manual dos Recursos*. 2. ed. São Paulo: Revista dos Tribunais, 2008, p. 338). No mesmo sentido: MOREIRA, José Carlos Barbosa. *Comentários ao código de processo civil*. 14. ed. Rio de Janeiro: Forense, 2008, v. 5, p. 41.

[305] ASSIS, Araken de. *Manual dos Recursos*. 2. ed. São Paulo: Revista dos Tribunais, 2008, p. 339-340.

[306] MOREIRA, José Carlos Barbosa. *Comentários ao código de processo civil*. 14. ed. Rio de Janeiro: Forense, 2008, v. 5, p. 46-47.

[307] O tribunal pleno ou seu órgão especial, em regra, funcionam desde que haja um número superior à metade da sua integralidade. Assim: MOREIRA, José Carlos Barbosa. *Comentários ao código de processo civil*. 14. ed. Rio de Janeiro: Forense, 2008, v. 5, p. 47-48 e ASSIS, Araken de. *Manual dos Recursos*. 2. ed. São Paulo: Revista dos Tribunais, 2008, p. 341.

de votos superior à metade dos juízes do tribunal ou de seu órgão especial.[308]

De outro lado, não se obtendo o *quorum* necessário, não se declarará a inconstitucionalidade, ainda que haja superioridade de votos (maioria simples) a seu favor. Neste caso, tal qual na hipótese de haver superioridade de votos defendendo a constitucionalidade, o tribunal declarou, em verdade, a constitucionalidade da lei ou do ato do poder público que lhe foi submetido.[309]

Cumpre ao presidente do tribunal colher os votos e declarar o resultado, designando, em seguida, o redator do acórdão, que será o próprio relator, caso saia vencedor, ou, caso vencido, o autor do primeiro voto vitorioso.

Lavrado o acórdão, será publicado no órgão oficial.

Transitado em julgado o acórdão, do qual não cabe recurso algum – que não os embargos de declaração –,[310] pois insuscetível de causar gravame às partes,[311] retornarão os autos ao órgão fracionário para que prossiga no julgamento.

### 12.3.2.3. Retorno dos autos ao órgão originário, retomada e finalização do julgamento

Chegando os autos ao órgão fracionário no qual se originou o incidente, o julgamento deverá prosseguir normalmente: sustenta-

---

[308] Como explica Araken de Assis, "a fórmula 'a metade mais um' é inexata, integrado o órgão de número ímpar de juízes. Por esse critério, a maioria absoluta de vinte e cinco desembargadores, por exemplo, é quatorze; a manifestação convergente desse número de votantes, declarando a inconstitucionalidade, e a despeito de serem os únicos presentes, já produzirá o efeito almejado. Sucede que o STF despreza a fração e, compondo-se de onze membros, exige seis votos (art. 173 do RISTF). Logo, o arredondamento da metade fracionada (de vinte e cinco é doze e meio) é para o número imediatamente superior: treze. O critério da 'metade mais um' exigiria, diversamente, um voto a mais: quatorze. Como quer que seja, não importa o número efetivo de participantes (*v.g.*, vinte): votando treze deles no sentido da inconstitucionalidade atingiu-se o quórum da deliberação, na interpretação correta". (ASSIS, Araken de. *Manual dos Recursos*. 2. ed. São Paulo: Revista dos Tribunais, 2008, p. 342).

[309] ASSIS, Araken de. *Manual dos Recursos*. 2. ed. São Paulo: Revista dos Tribunais, 2008, p. 339-340.

[310] Decerto pode o acórdão padecer dos vícios da omissão, contradição e obscuridade, sendo pertinentes os embargos de declaração. No sentido do cabimento dos embargos de declaração: ASSIS, Araken de. *Manual dos Recursos*. 2. ed. São Paulo: Revista dos Tribunais, 2008, p. 339-340.

[311] Assim: SCARPINELLA BUENO, Cássio. *Código de processo civil interpretado*. Antônio Carlos Marcato (coord.). 3. ed. São Paulo: Atlas, 2008, p. 1645. Ademais, há a Súmula 513 do STF que preceitua: "A decisão que enseja a interposição de recurso ordinário ou extraordinário não é a do plenário, que resolve o incidente de inconstitucionalidade, mas a do órgão (câmaras, grupos ou turmas) que completa o julgamento do feito"

ção oral, quando requerida e admissível, manifestação do Ministério Público, sendo hipótese, e declaração do resultado.

A questão acerca da constitucionalidade ou não da lei, todavia, já estará definida e deverá ser acatada. O órgão originário, desta forma, independente das convicções pessoais de seus integrantes, julgará o caso dentro da moldura constitucional entregue pelo tribunal pleno ou seu órgão especial, sendo absolutamente despiciendas eventuais manifestações anteriores do órgão fracionário acerca da questão da inconstitucionalidade da lei ou do ato do poder público.[312]

Desta forma, haverá processos que retornarão ao órgão de origem praticamente julgados, tamanha a importância e abrangência da questão constitucional para a solução da lide.

O STJ, aliás, em determinada ocasião,[313] afirmou ser desnecessário o retorno dos autos ao órgão de origem quando o único fundamento da demanda for a constitucionalidade ou inconstitucionalidade da lei ou do ato normativo. Neste caso, o próprio tribunal pleno ou o respectivo órgão especial conclui o julgamento.[314]

### 12.3.3. Efeito vinculante da decisão

A decisão tomada no incidente de inconstitucionalidade, seja num ou noutro sentido, vincula o julgamento do qual se originou, mesmo porque é parte do julgamento da causa. Não pode, desta forma, o órgão colegiado que suscitou o incidente de inconstitucionalidade deixar de adotar o entendimento que se sagrou vitorioso no âmbito do tribunal pleno ou do órgão especial. Isso, aliás, é o que justifica o fato de se tratar de um incidente que enseja a suspensão do processo.[315]

Como ressaltam os mais observadores, extrai-se, ainda, outro efeito do art. 481, parágrafo único: "a subordinação de todos os órgãos fracionários do tribunal, ou *intra muros*, nos julgamentos futuros. No mínimo, representaria grave desperdício suscitar

---

[312] MOREIRA, José Carlos Barbosa. *Comentários ao código de processo civil*. 14. ed. Rio de Janeiro: Forense, 2008, v. 5, p. 47-48; ASSIS, Araken de. *Manual dos Recursos*. 2. ed. São Paulo: Revista dos Tribunais, 2008, p. 341.

[313] STJ-Corte Especial, EDcl no AI no RMS 1.178/RS, rel. Min. Antônio de Pádua Ribeiro, j. 31.8.1995.

[314] Decisão com a qual concorda Cássio Scarpinella Bueno (BUENO, Cássio Scarpinella. *Curso Sistematizado de Direito Processual Civil*, v. 5. São Paulo: Saraiva, 2008, p. 393)

[315] BUENO, Cássio Scarpinella. *Curso Sistematizado de Direito Processual Civil*. São Paulo: Saraiva, 2008, v. 5, p. 392.

novos incidentes, indefinidamente, em todo processo envolvendo a mesma questão constitucional. Desnecessário, de resto, qualquer quórum especial (*v.g.*, a unanimidade) para produzir-se a vinculação horizontal".[316]

---

[316] AMARAL JR., José Levi Mello do. *Incidente de argüição de inconstitucionalidade*. São Paulo: Revista dos Tribunais, 2002, p. 82; ASSIS, Araken de. *Manual dos Recursos*. 2. ed. São Paulo: Revista dos Tribunais, 2008, p. 343.

## 13. Deliberação do colegiado

Encerrada a sustentação oral, quando houver, ou, do contrário, logo após a exposição e sujeição do relatório ao colegiado, passa-se à votação, iniciando pelo relator, seguindo-se com o revisor e culminando com o voto do outro (ou outros) membro. Esta ordem, que anteriormente era expressa na redação do *caput* do art. 555, foi suprimida pela Lei nº 10.352, de 26.12.2001. Não obstante, ainda há de ser observada por questão de coerência. Ademais, os regimentos internos, de regra, costumam prevê-la. Quando hajam de votar mais de três juízes, em geral, os regimentos internos determinam que após o voto do relator e do revisor, passe-se a obedecer à ordem decrescente de antiguidade na votação.

A Lei nº 10.352, de 26.12.2001, ainda modificou a redação original do *caput* do artigo em comento para ressalvar que o *quorum* mínimo de três juízes é exigência para o julgamento dos agravos e das apelações, deixando que os regimentos estipulem o número de julgadores necessários para o julgamento de outros recursos, o que, *v.g.*, de ordinário, ocorre com os embargos infringentes e na uniformização de jurisprudência.

Na deliberação, o colegiado deverá observar a ordem prescrita nos arts. 560 e 561, isto é, inicia-se pela apreciação das questões preliminares, seguindo-se à questão de fundo.

A partir deste momento só é permitido aos advogados que intervenham, pedindo a palavra *pela ordem*, para esclarecerem questões de fato.[317]

Os votos são pronunciados oralmente e, só por exceção, o colegiado deliberará secretamente, como, *v.g.*, nas hipóteses do art. 155.

---

[317] FERREIRA FILHO, Manuel Caetano. *Comentários ao código de processo civil*. São Paulo: Revista dos Tribunais, 2001, v. 7, p. 373.

A publicidade é garantia constitucional, prevista no art. 93, IX, da CRFB.

A decisão do órgão colegiado é obtida da somatória dos votos individuais. "Os votos devem ser computados separadamente em relação a cada uma das questões preliminares, se houver, e, sendo caso, no tocante a cada parte do pedido e a cada causa de pedir. De outro modo, estarão a somar-se quantidades heterogêneas".[318]

Ocorrendo divergência de votos, será a decisão do órgão colegiado aquela a que tenham aderido mais da metade do número de juízes votantes, a menos que regra especial exija *quorum* mais alto, como ocorre, por exemplo, na declaração de inconstitucionalidade.[319]

### 13.1. Dispersão de votos

Existe a possibilidade, mesmo nos órgãos de apenas três componentes,[320] de que não se logre alcançar a maioria de votos em favor de qualquer das decisões propostas.[321] Surge, então, um problema que não encontra resposta no Código, chamado de *partage* pelos franceses e *discordia* pelos espanhóis.[322]

A dificuldade é repetida em diversos ordenamentos e deles a doutrina nacional[323] tem extraído as possíveis soluções. Por primeiro, há que separar as hipóteses de divergência exclusivamente *quantitativa* das de divergência *qualitativa*.

Tratando-se de divergência apenas com relação à quantidade as soluções apresentam-se mais fáceis.

---

[318] MOREIRA, José Carlos Barbosa. *Comentários ao código de processo civil*. 8. ed. Rio de Janeiro: Forense, 1999, v. 5, p. 635.

[319] Idem. 13. ed., 2006, v. 5, p. 663.

[320] Isto porque não está o vogal, consoante o Código atual, obrigado a promover o desempate, podendo sugerir solução distinta da proposta pelo relator e revisor (Idem, ibidem, p. 663).

[321] Consoante ressalta Ovídio Araujo Baptista da Silva, o fenômeno pode ocorrer em qualquer julgamento colegiado, mas é mais frequente nos embargos infringentes (SILVA, Ovídio Araújo Baptista da. *Curso de processo civil: processo de conhecimento*. 7. ed. São Paulo: Revista dos Tribunais, 2006, v. 1, p. 426).

[322] MOREIRA, José Carlos Barbosa. *Comentários ao código de processo civil*. 13. ed. Rio de Janeiro: Forense, 2006, v. 5, p. 663.

[323] Especialmente Barbosa Moreira, que faz uma clara exposição das soluções oferecidas no passado e hoje na França, na Alemanha, na Itália, na Argentina, no Brasil, entre outros (Ibidem, p. 663-665).

Pelo sistema da *continência*, procura-se identificar qual das quantidades fixadas nos diferentes votos se acha *contida* no menor número de pronunciamentos suficientes para compor a maioria. Os votos são dispostos em ordem decrescente de grandeza, de acordo com o *quantum* que indicaram. Inicia-se com aquele que fixou a maior quantidade e segue-se num declínio de grandeza, até que se reúna um número de votos superior à metade do total. Prevalecerá o *quantum* fixado no último dos votos necessários para atingir-se este número. Assim, por exemplo, se forem cinco julgadores, tendo o primeiro fixado o valor dos danos morais em R$ 8.000,00, o segundo em R$ 6.000,00, o terceiro em R$ 3.000,00, o quarto em R$ 2.000,00 e o quinto em R$ 1.000,00, deverá sair vitorioso o terceiro voto, que arbitrou os danos em R$ 3.000,00, porque esta condenação esta contida em três votos, o que é suficiente para formar a maioria.

Oferece-se, ainda, para solucionar o problema da divergência da discórdia de votos em relação ao *quantum*, o sistema da média aritmética, que consiste em somar as várias quantidades indicadas nos votos divergentes e, em seguida, dividir o resultado pelo número de votos. Desta forma, considerando o exemplo acima, somando-se todos os montantes indicados (R$ 8.000,00 + R$ 6.000,00 + R$ 3.000,00 + R$ 2.000,00 + R$ 1.000,00) e dividindo o total encontrado pelo número de juízes que votaram (5), encontrar-se-ia como resultado o valor de R$ 4.000,00, que deveria ser, então, o *quantum* dos danos morais.

Tratando-se de discórdia qualitativa a solução não é tão simples.

Dentre as várias formas de superar o problema, indicadas pela prática e pela doutrina, destacam-se as seguintes:

a) a que obriga os juízes que se filiaram às soluções que encontraram menor número de adeptos, a optar por uma daquelas com maior número de votantes, desfazendo o desempate;

b) a que determina a convocação de outros juízes para participarem do julgamento, propiciando a superação da discórdia;

c) a que manda realizar nova votação entre duas das soluções discordantes, eliminando-se a que for vencida, e depois a uma terceira votação, entre a solução vencedora e qualquer das outras, repetindo-se o procedimento sucessivamente, até que só restem duas soluções, das quais será adotada, como pronunciamento do órgão, a que reunir maior número de sufrágios.

Esta terceira opção parece ser a mais indicada para superar o problema da discórdia, evitando o constrangimento de os julgadores terem que abandonar seus votos para aderirem a correntes mais numerosas e também a inconveniência de se convocar outros juízes para o julgamento.

De qualquer sorte, na ausência de regulamentação pelo Código, fica a cargo dos próprios tribunais, por meio de seus regimentos internos, a previsão de uma forma para eliminação deste possível problema.

### 13.1.1. Dispersão de votos, voto médio e os embargos infringentes

Caracteriza o recurso de embargos infringentes o intuito de privilegiar ou dar chance de preponderar o voto vencido. Pode-se afirmar, desta forma, que é em razão do voto vencido que a questão divergente é submetida a uma nova apreciação (em regra por órgão de composição ampliada).

Pode acontecer, como seu viu, de, num colegiado composto por três julgadores, haver não um, mas dois votos vencidos. Tal fenômeno sucede quando a solução é encontrada pela adoção do voto médio.

Em tal hipótese, constata-se que tanto o recorrente como o recorrido poderão interpor embargos infringentes do acórdão, porque ambos foram amparados por voto vencido. Imagine-se o exemplo de um julgamento de apelação em que se tenha instaurado uma divergência *quantitativa*, tendo o relator do recurso condenado o réu em 1000, o revisor em 500, e o vogal em 250. Por intermédio do método da *continência*, adota-se o valor estipulado pelo revisor (500) como resultado do julgamento.

Diante dessa circunstância, poderá o autor pleitear por meio dos embargos infringentes a prevalência do voto do relator (1000), e, por sua vez, poderá o réu requerer a procedência da condenação em 250 (vogal).

## 14. Apreciação de questões preliminares

As questões preliminares, estabelece o art. 560, sejam elas arguidas pelas partes ou suscitadas de ofício por qualquer integrante do colegiado, devem receber análise antes do mérito do recurso. Isto porque o seu acolhimento pode levar ao não conhecimento do recurso, ou a declinação da competência para seu julgamento, ou ainda a conversão do julgamento em diligência, prejudicando definitivamente ou momentaneamente o exame do mérito.

No RITJRS a matéria é regulada de forma semelhante no art. 183.

A norma é imperativa e a sua inobservância pode acarretar sérios prejuízos.

O conceito de preliminar envolve relação entre duas questões, tais que a solução de uma, conforme o sentido em que se pronuncie o órgão judicial, cria ou remove obstáculo à apreciação de outra. A própria possibilidade de apreciação da segunda depende, pois, da maneira por que se resolve a primeira.

Há que se distinguir com exatidão três classes de preliminares:

a) preliminares de recurso, isto é, as questões de cuja solução depende a possibilidade de julgar-se o mérito da impugnação (*v.g.* competência do órgão e questões relativas à admissibilidade do recurso: tempestividade, interesse recursal, legitimidade etc.);

b) preliminares ao julgamento do mérito da causa, como a relativa à legitimidade das partes, que podem ser, no recurso, o próprio mérito;

c) preliminares de mérito, ou seja, as questões já situadas no âmbito do mérito da causa, mas suscetíveis, se resolvidas em certo sentido, de dispensar o órgão julgador de prosseguir sua atividade cognitiva (*v.g.*, a prescrição).

O acórdão que analisar o mérito do recurso,[324] para ser formalmente adequado, conterá, ao menos, dois capítulos: um referente à admissibilidade e outro pertinente ao mérito. Decerto, conterá apenas um capítulo se decidir pela inadmissibilidade do recurso. De outro lado, apresentará diversos capítulos se houver muitas preliminares arguidas e superadas.

---

[324] Equivocados, neste ponto, Fredie Didier e Leonardo José Carneiro da Cunha ao sustentarem que "o acórdão terá no mínimo dois capítulos: a decisão sobre a admissibilidade e a decisão sobre o mérito" (DIDIER JR., Fredie; CUNHA, Leonardo José Carneiro da. *Curso de Direito Processual Civil*. 7. ed. Salvador: Podium, 2009, v. 3, p. 552). Poderá o acórdão ter um único capítulo se verificado, por exemplo, que a apelação é intempestiva ou que o agravo de instrumento não foi preparado etc.

## 15. Rejeição das preliminares e julgamento do mérito

Na linha do que preceitua o art. 561, rejeitada a preliminar, ou não sendo ela incompatível com o mérito, ou sanada eventual nulidade por meio da conversão do julgamento em diligência (art. 560, parágrafo único), deverá passar o colegiado ao julgamento do mérito.

E, consoante determina a parte final do art. 561, todos os juízes, ainda que vencidos nas preliminares, ou seja, ainda que tenham votado pelo acolhimento de uma ou algumas delas, deverão votar acerca da questão de fundo.[325]

Embora pareça óbvia a ordem legal, alinhando-se aos "mais rudimentares princípios da lógica e da processualística",[326] como percebido pela doutrina tão logo o início da vigência do atual CPC, teve a lei de ser explícita quanto à necessidade de o julgador vencido na preliminar julgar o mérito, porquanto havia juízes que se recusavam, argumentando algo como: "se julguei nulo o processo, como posso votar pela procedência do pedido?" ou "se julguei prescrita a ação, como posso condenar a pagar?".[327]

Com esse pensamento, ainda hoje "não é incomum, no acórdão, limitar-se o vencido a expor as razões que o levaram ao acolhimento da preliminar, abdicando referência às demais questões e ao mérito. É uma atitude que ignora a mecânica do julgamento colegiado, no qual não têm lugar personalismos, e de vezo marcadamente autoritário, porque rejeita o princípio da maioria. O vencido

---

[325] PINTO, Nelson. *Código de processo civil interpretado*. Antônio Carlos Marcato (coord.). 3. ed. São Paulo: Atlas, 2008, p. 1880.
[326] Expressão de Pontes de Miranda (*Comentários ao Código de Processo Civil*. Rio de Janeiro; São Paulo: Forense, 1975, t. VIII, arts. 539 a 565, p. 268).
[327] Idem, ibidem.

precisa curvar-se ao pronunciamento da maioria, bem como as partes, ao comando judiciário, e, assim, respeitar a estrutura judiciária. Formulou-se, para mostrar irrisão de entendimento diverso, o seguinte e persuasivo exemplo: se um juiz não conhece do recurso, e dois conhecem, e um dá e outro nega provimento, recusando-se o vencido a emitir voto no mérito, qual o resultado do julgamento? Ficaria irremediavelmente incompleto".[328]

Os regimentos internos, coerentemente, têm reproduzido a norma do art. 561, como o faz o RITJRS, em seu art. 185.

A inobservância da ordem de julgamento, assim como a incorreta proclamação do resultado, podem representar inconvenientes futuros, especialmente no que tange ao juízo de admissibilidade da ação rescisória e dos embargos infringentes, considerando a imposição de julgamento de mérito para o seu cabimento que, respectivamente, fazem os arts. 485 e 530.

---

[328] ASSIS, Araken de. *Manual dos Recursos*. 2. ed. São Paulo: Revista dos Tribunais, 2008, p. 319.

## 16. Pedido de vista

Permite o § 2º do art. 555 que qualquer juiz que não se sinta preparado para proferir seu voto imediatamente peça vista dos autos para melhor examiná-los. Estão incluídos no permissivo também o revisor e o relator. Embora estes já tenham tido amplo acesso aos autos, não raro dúvidas surgem por ocasião dos debates, sendo de bom tom que se lhes permita eliminá-las para que profiram voto com maior segurança.[329]

O pedido de vista é permitido mesmo depois que o juiz tenha votado, até o momento que ainda lhe seja lícito modificar o voto, ou seja, o instante imediatamente anterior ao anúncio do resultado do julgamento pelo presidente.

O pedido de vista não pode ser indeferido pelo presidente do órgão e não impede de votar aqueles que já se sintam habilitados.[330]

O § 2º do artigo em comento confere ao juiz que pediu vista o prazo de, no máximo, 10 dias, contado do dia do pedido, devendo prosseguir o julgamento do feito na primeira sessão ordinária subsequente ao término deste prazo, independentemente de nova intimação. Motivo justificado (*v.g.*, doença) autoriza a prorrogação do prazo pelo presidente.

Consoante o § 3º do mesmo artigo, a não devolução dos autos no prazo estipulado, se também não houver sido postulada a prorrogação, determina a requisição deles pelo presidente do órgão

---

[329] Neste sentido: FERREIRA FILHO, Manuel Caetano. *Comentários ao código de processo civil*. São Paulo: Revista dos Tribunais, 2001, v. 7, p. 374; MOREIRA, José Carlos Barbosa. *Comentários ao código de processo civil*. 8. ed. Rio de Janeiro: Forense, 1999, v. 5, p. 638 e BERMUDES, Sérgio. *Comentários ao Código de Processo Civil*. 2. ed. São Paulo: Revista dos Tribunais, 1977, v. 7, p. 378.

[330] MOREIRA, José Carlos Barbosa. *Comentários ao código de processo civil*. 8. ed. Rio de Janeiro: Forense, 1999, v. 5, p. 639.

julgador, que o incluirá na pauta da sessão seguinte, não podendo deixar de determinar nova publicação.

O fato de ter excedido o prazo legal para devolução dos autos não impede o juiz que pedira vista de votar.[331]

---

[331] MOREIRA, José Carlos Barbosa. *Comentários ao código de processo civil*. 13. ed. Rio de Janeiro: Forense, 2006, v. 5, p. 668.

## 17. Modificação do voto

Pode ocorrer que algum dos julgadores, após proferir seu voto, seja convencido por outra solução oferecida por algum dos seus pares e deseje alterar seu pronunciamento. Seria absurdo proibir-se em termos absolutos a modificação do voto proferido, pois assim se eliminaria precisamente a grande vantagem do julgamento colegiado, que consiste em propiciar a influência dos raciocínios expostos pelos diversos votantes sobre a formação e convencimento dos seus pares. Como disse voz lúcida, "é atributo do bom magistrado mostrar-se permeável às ideias inovadoras".[332]

Tal possibilidade, contudo, há de ter uma limitação temporal, sob pena de instaurar-se a insegurança jurídica. O Código, todavia, silencia acerca deste prazo. Fica a brecha aberta aos regimentos internos.[333]

Se o regimento interno nada dispõe, o limite deverá ser a proclamação do resultado do julgamento pelo presidente. A partir daí está publicada a decisão, não mais podendo ser alterada.[334]

Daí se conclui que nada impede, ainda que haja o julgamento em destaque de uma preliminar, que, mesmo após vencida esta, o julgador opte por rever seu voto para acolhê-la. Imagine-se que se iniciou a votação examinando-se a tempestividade ou não do recurso. Por maioria o colegiado entende que o recurso é tempestivo e então passa a examinar a sua questão de fundo. Não há qualquer obstáculo a que um dos julgadores que entendeu por afastar a intempestividade reveja seu posicionamento e passe a votar pelo não conhecimento do recurso por ausência do pressuposto de admis-

---

[332] ASSIS, Araken de. *Manual dos Recursos*. 2. ed. São Paulo: Revista dos Tribunais, 2008, p. 360.
[333] MOREIRA, José Carlos Barbosa. *Comentários ao código de processo civil*. 8. ed. Rio de Janeiro: Forense, 1999, v. 5, p. 639.
[334] FERREIRA FILHO, Manuel Caetano. *Comentários ao código de processo civil*. São Paulo: Revista dos Tribunais, 2001, v. 7, p. 375.

sibilidade. Neste caso, o recurso, por maioria, não seria conhecido, ainda que tivessem ingressado os julgadores nos debates acerca do seu mérito.

Possível, outrossim, a retratação daquele que já votara, após o adiamento em razão de pedido de vista realizado por outro membro do colegiado. O princípio é o mesmo: não tendo sido proclamado o resultado final, admissível a modificação do voto.[335]

---

[335] ASSIS, Araken de. *Manual dos Recursos*. 2. ed. São Paulo: Revista dos Tribunais, 2008, p. 361.

## 18. Proclamação do resultado

Dispõe o art. 556 que, "proferidos os votos, o presidente anunciará o resultado do julgamento, designando para redigir o acórdão o relator, ou, se este for vencido, o autor do primeiro voto vencedor".

Em que pese o Código não exija expressamente, tem-se como adequado declarar como se deu o julgamento em cada uma das suas etapas – preliminares e mérito –, refletindo-o com fidelidade. Assim, *v.g.*, se se ultrapassou uma preliminar por maioria, isso deve restar consignado, ainda que no mérito a votação tenha sido unânime. Tal exigência, aliás, é feita pelo art. 198 do RITJRS.

A proclamação deve ser fiel à votação, devendo precisar, minuciosamente, a extensão da divergência, quando houver, possibilitando, entre outras coisas, que posteriormente se verifique se cabem embargos infringentes e em que medida.

Se a proclamação do resultado não for fidedigna, qualquer um dos votantes, bem como os advogados das partes, poderá denunciar por meio de reclamação.

O resultado equívoco constante da ata e do extrato referente ao processo poderá ser corrigido, outrossim, em sessão posterior. A retificação será lançada na ata da sessão em que for feita. O RITJRS prevê o cabimento da retificação da "tira de julgamento" no § 1º do art. 198. Não se há confundir, contudo, tal possibilidade, com a de alteração de voto, que, como dito anteriormente, só é permitida até a proclamação do resultado.[336]

---

[336] Ver supra, item 12.

## 19. Redação do acórdão

O acórdão – aqui entendido como a peça escrita que registra o julgamento pelo colegiado, contendo a integralidade de todos os votos – será redigido pelo seu relator, desde que vencedor o seu voto. Do contrário, conforme o art. 556, o presidente designará para redator o autor do primeiro voto vencedor.

Ressalta-se que nem sempre a designação recairá sobre o revisor. Em órgãos com mais de três componentes, não raro o revisor poderá ser vencido juntamente com o relator. E mesmo quando forem apenas três os votantes, poderá ter havido de o revisor inicialmente ter acompanhado o voto do relator, mas posteriormente ter voltado atrás, passando a anuir ao posicionamento do vogal. Neste caso, o terceiro juiz é que deverá redigir o acórdão.

De qualquer sorte, nenhuma consequência há com o descumprimento da determinação, desde que o acórdão reproduza com fidelidade o que passou na sessão de julgamento.

O parágrafo único do artigo 556, incluído pela Lei 11.419 de 2006, autoriza que acórdãos e demais atos processuais sejam registrados em arquivo eletrônico inviolável, assim como assinados eletronicamente. Tal inovação vem ao encontro de tantas outras que procuram emprestar maior celeridade aos procedimentos e também colocar o Judiciário em compasso com os avanços da área tecnológica.

## 20. Efeitos do agravo de instrumento e da apelação

O agravo de instrumento, em princípio, pelo que se extrai da leitura do art. 497 do CPC, contém apenas o efeito devolutivo,[337] que é aquele que, simplesmente, determina que a matéria seja novamente submetida ao Poder Judiciário.[338] A sua interposição, de tal sorte, não impede que a decisão interlocutória agravada continue plenamente eficaz, exigindo imediato cumprimento de suas estipulações.[339]

De fato, a regra do art. 497 permite que o processo em primeiro grau prossiga em seus ulteriores termos, enquanto a decisão interlocutória que inconformou alguma das partes é reexaminada pelo Tribunal.

Há hipóteses, entretanto, que o cumprimento da decisão importa, na prática, tornar inútil o eventual provimento do agravo, porquanto já se terá produzido, para o agravante, dano de difícil ou impossível reparação. Daí a necessidade de introduzir-se tal ou

---

[337] O nome *efeito devolutivo* está relacionado às origens históricas do fenômeno. Isto porque era o Soberano que tinha poderes para decidir todas as causas. Todavia, delegava tal poder a prepostos (juízes). Contudo, quando as partes se inconformavam interpunham o recurso que iria provocar o exame da questão pelo Soberano, ou seja, a devolução da matéria para aquele originariamente competente (WAMBIER, Teresa Arruda Alvim. *O novo regime do agravo*. 2. ed. São Paulo: Revista dos Tribunais, 1996, p. 192). Nos dias atuais, segundo sugere Mendonça Lima, deveria empregar-se o termo *transferência*, ao invés de *devolução*, já que o exame da questão apenas é transferido entre os órgãos do Poder Judiciário, que já é o poder originariamente competente (LIMA, Alcides de Mendonça. *Introdução aos recursos cíveis*. São Paulo: Revista dos Tribunais, 1976, p. 286).

[338] WAMBIER, Teresa Arruda Alvim. *O novo regime do agravo*. 2. ed. São Paulo: Revista dos Tribunais, 1996, p. 191.

[339] CARNEIRO, Athos Gusmão. *O novo recurso de agravo e outros estudos*. 4. ed. Rio de Janeiro: Forense: 1998.

qual temperamento,[340] sob pena de tornar-se o agravo de instrumento recurso inefetivo.

Com esse intuito – e também com intenção de pôr fim ao mau vezo, que se tornou habitual, de impetrar mandado de segurança com o objetivo único de obter efeito suspensivo para o agravo, até o respectivo julgamento, em hipóteses não previstas em lei, sob a alegação de que, sem isso, o litigante sofreria dano injusto e irreparável[341] –, foi que a Lei 9.139/95 alterou a original redação do art. 558, passando a dar poderes ao relator para atribuir também o efeito suspensivo ao agravo em casos dos quais possa resultar lesão grave e de difícil reparação tais como os de prisão civil, adjudicação, remição de bens, levantamento de dinheiro sem caução idônea, desde que relevante à fundamentação.[342]

A apelação, ao revés do que sucede com o agravo, produz, em regra, efeito devolutivo e suspensivo. Excepcionalmente é recebida apenas no efeito devolutivo.[343] Cabe ao magistrado, ao receber o recurso, declarar os efeitos por ela produzidos (art. 518). Fará isso sem margem de discricionariedade, respeitando apenas o que preceitua a lei (art. 520).

Ao relator da apelação, todavia, quando desprovida por força da lei de efeito suspensivo, é dado, a requerimento do apelante, suspender, até o pronunciamento definitivo da câmara, o cumprimento da sentença, quando verificar que este pode acarretar lesão grave e de difícil reparação. Tal poder é atribuído ao relator pelo parágrafo único do art. 558.

O efeito suspensivo, como já se pode intuir, "é a qualidade atribuída ao recurso que, a partir de certo momento, inibe a eficácia do provimento impugnado".[344]

A decisão acerca do pedido de efeito suspensivo – bem como a concernente à antecipação da tutela recursal – é tomada em cogni-

---

[340] MOREIRA, José Carlos Barbosa. *Comentários ao código de processo civil*. 8. ed. Rio de Janeiro: Forense, 1999, v. 5, p. 650.

[341] Ibidem, p. 652.

[342] Dispõe o art. 558: O relator poderá, a requerimento do agravante, nos casos de prisão civil, adjudicação, remição de bens, levantamento de dinheiro sem caução idônea e em outros casos dos quais possa resultar lesão grave e de difícil reparação, sendo relevante a fundamentação, suspender o cumprimento da decisão até o pronunciamento definitivo da turma ou câmara. (Redação dada pela Lei nº 9.139, de 30.11.1995). Parágrafo único. Aplicar-se-á o disposto neste artigo as hipóteses do art. 520. (Redação dada pela Lei nº 9.139, de 30.11.1995).

[343] ALVIM, Eduardo Arruda. *Direito Processual Civil*. 2. ed. São Paulo: Revista dos Tribunais, 2008, p. 798.

[344] ASSIS, Araken de. *Manual dos Recursos*. 2. ed. São Paulo: Revista dos Tribunais, 2008, p. 242.

ção sumária, e não exauriente. Com isso se quer dizer – considerado que a cognição é a técnica de exame e valoração das alegações e provas do processo[345] – que no plano vertical não há um aprofundamento deste ato de inteligência, não se exigindo juízo de certeza, e sim de probabilidade.[346]

De outro lado, concebe-se – conforme a natureza da ação – que, no plano horizontal, a cognição seja plena, e não limitada, ou seja, que todos os elementos do trinômio que constitui o objeto da cognição (pressupostos processuais, condições da ação e mérito) sejam abarcados na atividade intelectiva do juiz,[347] realizada para verificar a presença ou não dos requisitos para a concessão do efeito suspensivo.

A atribuição do efeito suspensivo – assim como a antecipação da tutela recursal –, como se depreende dos arts. 527, III, e 558, não pode ser concedida de ofício pelo relator,[348] dependendo de requerimento do recorrente, que pode ser formulado na própria petição recursal ou em separado.[349]

Em razão de o art. 558 falar apenas em *suspensão* do cumprimento da decisão, instaurou-se controvérsia em relação à possibilidade ou não de o relator ordenar a prática de ato, em hipóteses em que havia sido denegada pela decisão agravada, ou seja, atribuir ao agravo o que se convencionou chamar de "efeito ativo".

A doutrina mais autorizada,[350] interpretando a norma processual da maneira que melhor atende a sua finalidade, levando em consideração as variáveis dos casos concretos, respondia que sim;

---

[345] FREITAS CÂMARA, Alexandre. O objeto da cognição no processo civil. In: *Livro de Estudos Jurídicos*, n° 11, Rio de Janeiro: Instituto de Estudos Jurídicos, 1995, p. 207

[346] Acerca do assunto veja-se: WATANABE, Kazuo. *Da cognição no processo civil*. Revista dos Tribunais, 1987. Também: PEÑA, Eduardo Chemale Selistre. *Cognição no Processo Civil*: plena e limitada; exauriente e sumária, disponível em www.tex.pro.br, acesso em 11 de novembro de 2008.

[347] PEÑA, Eduardo Chemale Selistre. *Cognição no Processo Civil*: plena e limitada; exauriente e sumária, disponível em www.tex.pro.br, acesso em 11 nov. 2008.

[348] ASSIS, Araken de. *Manual dos Recursos*. 2. ed. São Paulo: Revista dos Tribunais, 2008, p. 258. No mesmo sentido: FRANZÉ, Luís Henrique Barbante. *Tutela antecipada recursal*. Curitiba: Juruá, 2007, p. 165.

[349] Neste sentido, admitindo a postulação em petição separada, MOREIRA, José Carlos Barbosa. *Comentários ao código de processo civil*. 8. ed. Rio de Janeiro: Forense, 1999, v. 5, p. 652. Em sentido contrário, sob o argumento de que a postulação do efeito suspensivo em petição separada não se adapta ao novo sistema recursal, ALVIM, J. E. Carreira. *Novo agravo*. 5. ed. Rio de Janeiro: Forense, 2003, p. 161, nota 38.

[350] Neste sentido: MOREIRA, José Carlos Barbosa. *Comentários ao código de processo civil*. 8. ed. Rio de Janeiro: Forense, 1999. v. 5, p. 653; ZAVASCKI, Teori Albino. *Antecipação da tutela*. 2. ed. São Paulo: Saraiva, 1999, p. 112.

malgrado o teor literal da disposição apontasse em sentido contrário, já que no rigor da lógica não há como "suspender" a eficácia de pronunciamento negativo, nem seria adequado construir tal "suspensão" à maneira de providência tendente a substituir a negação por afirmação.

A lei, na hipótese, *minus dixit quam voluit*. Certamente o juiz, pelo poder geral de cautela, poderia tornar positiva a decisão denegatória, "e cuja só suspensão, exatamente porque negativa a decisão agravada, nenhum sentido prático ou lógico conteria".[351]

A Lei 10.352/01, que alterou diversos dispositivos do CPC, deu fim ao debate. Agora o inciso III do art. 527 preceitua que o relator "poderá atribuir efeito suspensivo ao recurso (art. 558), ou deferir, em antecipação de tutela, total ou parcialmente, a pretensão recursal, comunicando ao juiz sua decisão".

Ficou claro no novo texto do inciso III do art. 527 que o relator tem poderes de antecipação de tutela no tocante ao objeto do recurso, e não apenas o poder de dar efeito suspensivo ao agravo.[352]

Diverge a doutrina acerca do caráter obrigatório, ou não, da atribuição do efeito suspensivo quando presentes os requisitos legais.

Defendem alguns[353] que, se fazendo presentes os pressupostos autorizadores da atribuição do efeito suspensivo, deve o relator deferi-lo. Ou seja, sendo relevante a fundamentação e reconhecendo o relator que do cumprimento da decisão agravada possa resultar lesão grave e difícil reparação ao agravante, não lhe resta alternativa senão atribuir ao agravo de instrumento o efeito suspensivo. Tem o agravante, de tal sorte, direito subjetivo à suspensão, não ficando esta inteiramente confiada ao arbítrio do relator.

Outra corrente[354] sustenta que a lei não obriga o relator a conferir o efeito suspensivo ao recurso, ainda que verifique a presença dos requisitos previstos no art. 558. Há, assim, verdadeiro poder discricionário do relator. Isto porque a lei se vale de "conceitos ju-

---

[351] FADEL, Sérgio Sahione. *As alterações do CPC Relativas a Recursos:* a Reforma do CPC. São Paulo: Saraiva, 1996. p. 613-636.

[352] THEODORO JÚNIOR, Humberto. *Inovações da Lei 10.352/200, em matéria de recursos cíveis e duplo grau de jurisdição:* aspectos polêmicos e atuais dos recursos e outros meios de impugnação às decisões judiciais. São Paulo: Revista dos Tribunais, 2002, p. 263-284.

[353] Entre eles: FRANZÉ, Luís Henrique Barbante. *O agravo frente aos pronunciamentos de primeiro grau no processo civil.* Curitiba: Juruá, 2002, p. 103-105. WAMBIER, Teresa Arruda Alvim. *Os agravos no CPC brasileiro.* 3. ed. São Paulo: Revista dos Tribunais, 2000, p. 258.

[354] Neste sentido: MOREIRA, José Carlos Barbosa. *Comentários ao código de processo civil.* 8. ed. Rio de Janeiro: Forense, 1999, v. 5, p. 652.

rídicos indeterminados ("lesão grave e de difícil reparação", fundamentação "relevante"), cuja determinação *in concreto*, como não poderia deixar de ser, é tarefa confiada ao relator, na qual com certeza atuará boa dose de subjetividade".[355]

Nem mesmo para as hipóteses que aparecem específica e objetivamente arroladas no art. 558, como, *v.g.*, as de prisão civil e adjudicação, se pode encontrar, no dispositivo, determinação, endereçada ao relator, para que suspenda o cumprimento da decisão. Se esta fosse a intenção da lei, deveria ter sido redigida de forma diversa, determinando claramente que o agravo de instrumento nestes casos seria dotado também de efeito suspensivo.

Assim, conforme esta corrente, tem o juiz arbítrio para decidir. Cabe-lhe dar efeito suspensivo ao recurso, nestes casos, "a seu talante". "Não é um direito assegurado ao vencido recorrente, porquanto ao juiz se outorga a faculdade de deliberar se é, ou não, possível sustar a execução da ordem".[356]

A razão, certamente, está com a outra corrente. Não se pode confundir discricionariedade com a liberdade de que goza o juiz na fixação de conceitos jurídicos indeterminados, como, *v.g*, perigo iminente, boa-fé, atos de mera permissão ou tolerância.[357] Na discricionariedade admite-se, em princípio, uma pluralidade de soluções. Para o juiz, contudo, não há vários caminhos dentre os quais pode, indiferentemente, escolher um, sendo todos juridicamente lícitos e queridos pela norma. Para o magistrado, há uma solução, que há de ser tida como correta: a desejada pelo legislador e "determinada" pela norma, ainda que o caminho para que se chegue até ela não seja dos mais fáceis.[358]

É verdade que "a ponderação é inerente à função de julgar. Não há critério algum, por mais rígido e objetivo, que elimine totalmente o subjetivismo nas decisões judiciais".[359] O que se quer dizer é que não pode o relator, no caso concreto, verificar que se fazem

---

[355] MOREIRA, José Carlos Barbosa. *Comentários ao código de processo civil*. 8. ed. Rio de Janeiro: Forense, 1999, v. 5, p. 652.

[356] LIMA, Alcides de Mendonça. *Introdução aos recursos cíveis*. São Paulo: Revista dos Tribunais, 1976, p. 294.

[357] MOREIRA, José Carlos Barbosa. *Regras de experiência e conceitos jurídicos indeterminados*: temas de direito processual. 2. ed. São Paulo: Saraiva, 1988, p. 61 e ss.

[358] WAMBIER, Teresa Arruda Alvim. Novos contornos do recurso de agravo. *Revista de Processo – RePro*. n. 80, São Paulo, p. 111-124, 1995.

[359] PEÑA, Eduardo Chemale Selistre. *Breve Contribuição à reforma do judiciário*: a inclusão do requisito da relevância para a redução do volume de processos no Supremo Tribunal Federal e no Superior Tribunal de Justiça: a reforma do poder judiciário. São Paulo: Quartier Latin, 2006, p. 140.

presentes os requisitos legais, mas indeferir a atribuição do efeito suspensivo, porquanto estaria ferindo o princípio da legalidade.

Não se pode confundir discricionariedade que tem o administrador público com liberdade de investigação crítica, inerente à atividade judicial. A discricionariedade corresponde a um tipo de atividade mental realizada por aquele que aplica a lei, quando esta não determina de modo concreto e específico como atingir o fim querido pelo texto legal. Esta atividade é desenvolvida dentro de certo resíduo de liberdade, e é possível haver, em face da lei, diversas soluções tidas como corretas. A liberdade de investigação, embora se manifeste por uma pluralidade de soluções propostas, dirige-se, sempre, à única solução válida, pois que pode ser oposta a qualquer outra que dela divirja.[360]

O preenchimento de conceito vago, por meio de atividade mental de natureza interpretativa, ainda que extremamente difícil, não se confunde com discricionariedade. A norma que enseja exercício de poder discricionário comporta diversas possíveis "saídas". A norma que demanda esforços interpretativos para ser entendida e aplicada não foi criada com o intuito de gerar dualidade ou pluralidade de soluções, mas, ao revés, quer gerar uma só solução.[361]

A decisão do relator[362] que defere ou indefere o pedido de efeito suspensivo não é passível de impugnação via recursal.[363] [364] O agravo de que trata o § 1º do art. 557 – chamado de agravo interno – se presta apenas para impugnar a decisão do relator que negar seguimento ou der provimento de plano a recurso. De outro lado, os agravos previstos nos regimentos internos dos tribunais (agravos regimentais) só são admissíveis quando previstos na lei ordinária (ou lei de igual ou maior hierarquia), como ocorre no caso do art. 39 da Lei 8.038/90. Isto porque ao regimento interno

---

[360] WAMBIER, Teresa Arruda Alvim. *O novo regime do agravo*. 2. ed. São Paulo: Revista dos Tribunais, 1996a, p. 381-382.

[361] Idem, ibidem.

[362] Se a decisão for do juiz *a quo*, no caso da apelação, caberá agravo de instrumento – art. 522.

[363] Em sentido contrário: TALAMINI, Eduardo. *Decisões individualmente proferidas por integrantes dos tribunais*: legitimidade e controle (agravo interno): aspectos polêmicos e atuais dos recursos de acordo com a Lei 10.352/2001. São Paulo: Revista dos Tribunais, 2002, v. 5, p. 179-248; ALVIM, J. E. Carreira. *Novo agravo*. 5. ed. Rio de Janeiro: Forense, 2003, p. 161; MOREIRA, José Carlos Barbosa. *Comentários ao código de processo civil*. 8. ed. Rio de Janeiro: Forense, 1999, v. 5, p. 654.

[364] E tal norma está em plena consonância com as tendências do processo civil moderno. Consoante menciona Couture, "la tendencia de nuestro tiempo es la de aumentar los poderes del juez y disminuir él número de recursos; es el triunfo de una justicia pronta y firme sobre la necesidad de una justicia buena pero lenta (COUTURE. Eduardo J. *Fundamentos del derecho procesal civil*. 4. ed. Buenos Aires: B de F, 2004).

não cabe criar recurso, já que a competência para legislar sobre direito processual é conferida, pelo art. 22, I, da CRFB, ao Poder Legislativo da União.

O argumento de que o agravo regimental não seria propriamente um recurso, mas apenas um meio de integrar a vontade do colegiado que o relator representa por delegação,[365] não se coaduna com a compreensão que se tem atualmente de "tribunal", bem como das competências do relator.

O art. 101, *caput*, § 4º, da LC 35/79 admite a divisão dos tribunais em órgãos fracionários como câmaras, turmas e seções, cada qual funcionando como o próprio tribunal.[366] "Essa norma deita por terra a tese da 'unidade do Tribunal'. Ele é apenas uno nas suas frações, e a menor delas, em alguns casos, particularmente na hipótese do art. 558, chama-se 'relator'".[367]

Assim, o relator, ao julgar, singularmente, recursos (art. 557) ou atribuir-lhes efeito suspensivo (art. 558), é o próprio tribunal,[368] e não apenas delegado deste.[369] Até porque "as competências não podem ser 'delegadas', uma vez que o poder de julgar não pertence ao juiz, mas ao Estado – cumprindo a este, mediante legislação pertinente, atribuir o exercício da jurisdição aos ocupantes dos cargos

---

[365] Argumento acolhido pela 1ª Turma do STF no julgamento do Ag. 247.591-RS, em 14-03-2000, Rel. Min. Moreira Alves e com o qual concorda Eduardo Talamini (TALAMINI, Eduardo. *Decisões individualmente proferidas por integrantes dos tribunais: legitimidade e controle (agravo interno):* aspectos polêmicos e atuais dos recursos de acordo com a Lei 10.352/2001. São Paulo: Revista dos Tribunais, 2002. v. 5, p. 179-248).

[366] Cf. Moniz de Aragão, seja qual for a sua divisão interna, o tribunal é sempre uno, mesmo quando por "um de seus membros integrantes, os quais, agindo isoladamente, se assim determinar a lei interna, são o próprio colégio judiciário, que fala por intermédio de seus juízes, no caso o presidente ou o relator". (ARAGÃO, Egas Dirceu Moniz de. *Do agravo regimental*. São Paulo: Revista dos Tribunais, v. 315, p. 130, 1962).

[367] ASSIS, Araken de. *Introdução aos sucedâneos recursais:* aspectos polêmicos e atuais dos recursos e outros meios de impugnação às decisões judiciais. São Paulo: Revista dos Tribunais, 2002, p. 49.

[368] Sérgio Cruz Arenhart também concorda com este entendimento, tendo afirmado que nenhuma restrição existe a que se confira ao relator, que também é um dos órgãos do tribunal, poderes para julgar monocraticamente qualquer espécie de recurso, nem mesmo se exigindo possibilidade de recurso para órgão colegiado (ARENHART, Sérgio Cruz. A nova postura do relator no julgamento dos recursos. *RePro*. n 103, São Paulo, p. 37-58, 2001).

[369] Em sentido contrário pensa Tesheiner, para quem "[...] a Constituição não constituiu tribunais, órgãos colegiados, para que funcionem monocraticamente. Ao conferir atribuições ao relator, a lei ou o regimento interno não retiram, do respectivo órgão colegiado, qualquer competência." (TESHEINER, José Maria Rosa. *Recurso das decisões do relator*. [S.l.: s.n, 200-a]. Disponível em: <http://www.tex.pro.br>. Acesso em: 10 nov. 2005). Também: ALMEIDA, José Antônio. *Agravo interno e ampliação dos poderes do relator:* aspectos polêmicos e atuais dos recursos e outros meios de impugnação às decisões judiciais. São Paulo: Revista dos Tribunais, 2003. v. 7, p. 375-435.

ali indicados".³⁷⁰ E não se encontram normas delegando³⁷¹ esta ou aquela competência ao relator, mas sim lhe atribuindo, verdadeiramente, competência para julgar, como ocorre nas hipóteses do art. 557 e 558.³⁷² ³⁷³

Ademais, o parágrafo único do art. 527, com a redação dada pela Lei 11.187/05, deixou claro tratar-se de decisão irrecorrível a que concede ou não efeito suspensivo ou ativo ao agravo. Preceitua a norma que a decisão acerca do efeito suspensivo do agravo somente é passível de reforma no momento do julgamento do agravo, salvo se o próprio relator a reconsiderar.

Em que pese haver certa incongruência na redação da lei – porquanto fixa um momento para que possa ser revista a questão, quando nenhuma utilidade para o recorrente poderá ter eventual alteração³⁷⁴ –, o certo é que ela praticamente colocou fim à controvérsia acerca da recorribilidade, ou não, da decisão que examina a postulação de atribuição de efeito suspensivo ao agravo.

A norma, todavia, por muitos tem sido taxada de inconstitucional.³⁷⁵ Argumenta-se que é necessário haver um mecanismo capaz de conduzir a questão abordada pelo recurso ao seu "juiz

---

[370] DINAMARCO, Cândido Rangel. *Instituições de direito processual civil*. São Paulo: Malheiros, 2001, v. 1, p. 327.

[371] E, consoante refere De Plácido e Silva, "A delegação pública, conferida a autoridades ou aos poderes públicos, é sempre autorizada pela própria lei, em virtude de princípio instituído no Direito Constitucional. E se indica a soma de poderes atribuídos a um poder ou autoridade pública para desempenho de suas funções políticas ou administrativas" (DE PLÁCIDO E SILVA. *Vocabulário jurídico*. Ed. Eletrônica. São Paulo: Forense, 1999. verbete "delegação" ).

[372] Carneiro, refutando a tese da delegação, menciona que "[...] o relator, em casos tais, não estará decidindo por 'delegação' do colegiado a que pertence, mas sim exerce poder jurisdicional que lhe foi outorgado por lei" (CARNEIRO, Athos Gusmão. Poderes do relator e agravo interno: arts. 557, 544 e 545 do CPC. In: *Revista Síntese de Direito Civil e Processual Civil*, Porto Alegre, n. 6,:p. 9-18, jul./ago., 2000. p. 14).

[373] ASSIS, Araken de. *Introdução aos sucedâneos recursais*: aspectos polêmicos e atuais dos recursos e outros meios de impugnação às decisões judiciais. São Paulo: Revista dos Tribunais, 2002.

[374] Teresa Arruda Alvim Wambier chega a dizer que "[...] certa dose de cinismo há na redação da lei, que não diz expressamente que não cabe recurso destas decisões, mas fixa um momento para que se redecida o assunto, em que eventual alteração do teor da decisão anteriormente proferida seria de integral imprestabilidade para o recorrente" (WAMBIER, Teresa Arruda Alvim. A nova lei do agravo. *Revista Jurídica Consulex*, São Paulo, ano 10, n. 217, p. 36-39, 31 jan. 2006, p. 39).

[375] Assim: TALAMINI, Eduardo. *Decisões individualmente proferidas por integrantes dos tribunais: legitimidade e controle (agravo interno)*: aspectos polêmicos e atuais dos recursos de acordo com a Lei 10.352/2001. São Paulo: Revista dos Tribunais, 2002, v. 5, p. 279-248; NASCIMENTO, Bruno Dantas do. *Inovações na regência do recurso do agravo*: aspectos polêmicos e atuais dos recursos cíveis. São Paulo: Revista dos Tribunais, 2006, v. 9; MOREIRA, José Carlos Barbosa. *Algumas inovações da Lei 9.756/98 em matéria de recursos cíveis*: aspectos polêmicos e atuais dos recursos de acordo com a Lei 9.756/98. São Paulo: Revista dos Tribunais, 1999, p. 324.

natural":[376] o órgão colegiado. Isto porque o relator, quando decide solitariamente, não é senão um "porta voz" do colegiado: o que ele diz, supõe-se que diga antecipando a decisão do colegiado. Ao interessado deve-se ressalvar, por isso, um meio de controle, apto a mostrar se aquela decisão realmente corresponde ao entendimento do órgão "representado".

Contudo, como já mencionado anteriormente, o relator, ao julgar singularmente recursos (art. 557) ou atribuir-lhes efeito suspensivo (art. 558), é o próprio tribunal, e não apenas delegado deste.[377] A lei, nestes casos, atribui competência ao próprio relator, não havendo necessidade de sua decisão ser chancelada pelo colegiado do qual é integrante.

Desta forma, não há qualquer afronta ao princípio do juiz natural,[378] porquanto o exame da questão terá sido realizado pelo órgão previamente definido como competente para tanto: o tribunal, presentado pelo relator.

Destarte, o que resta à parte "é formular um pedido de reconsideração, eventualmente apresentar embargos de declaração, e, em casos mais graves, em que o erro do tribunal seja gritante, impetrar mandado de segurança".[379]

---

[376] Como mencionamos em artigo recentemente publicado, "A imparcialidade do juiz, mais do que simples atributo da função jurisdicional, é vista nos dias atuais como seu caráter essencial. Não por outra razão que tem sido eleita por parte da doutrina como a pedra de toque do ato jurisdicional, servindo para diferenciá-lo dos demais atos estatais. Para assegurar a imparcialidade (e a independência) do juiz é que a maioria das Constituições contemporâneas consagra o Princípio do Juiz Natural, exigindo que a designação do julgador se dê anteriormente à ocorrência dos fatos levados a julgamento e feita de forma desvinculada de qualquer acontecimento concreto ocorrido ou que venha a ocorrer. Juiz Natural, assim, é aquele que está previamente encarregado como competente para o julgamento de determinadas causas abstratamente previstas" (PEÑA, Eduardo Chemale Selistre. O Princípio do juiz natural. [S.l.: s.n, 200-]. Disponível em: <http:\\www.tex.pro.com.br>. Acesso em: 1º maio 2006).

[377] Em sentido contrário pensa Tesheiner, para quem "a Constituição não constituiu tribunais, órgão colegiados, para que funcionem monocraticamente. Ao conferir atribuições ao relator, a lei ou o regimento interno não retiram, do respectivo órgão colegiado, qualquer competência" (TESHEINER, José Maria Rosa. Recurso das decisões do relator. [S.l.: s.n, 200-a]. Disponível em: <http://www.tex.pro.br>. Acesso em: 10 nov. 2005).

[378] Na atual Constituição o princípio é extraído da interpretação do inciso XXXVII, do art. 5º, que preceitua que "Não haverá juízo ou tribunal de exceção" e também da exegese do inciso LIII, que reza: "Ninguém será processado nem sentenciado senão pela autoridade competente." Completam o arcabouço de consagração do princípio as garantias outorgadas aos juízes de vitaliciedade, inamovibilidade e irredutibilidade de subsídios, previstas no caput do art. 95 da Constituição Federal (PEÑA, Eduardo Chemale Selistre. O Princípio do juiz natural. [S.l.: s.n, 200-]. Disponível em: <http:\\www.tex.pro.com.br>. Acesso em: 16 maio 2006).

[379] WAMBIER, Teresa Arruda Alvim. A nova lei do agravo. Revista Jurídica Consulex, São Paulo, ano 10, n. 217, p. 36-39, 31 jan. 2006, p. 39. Acerca do cabimento do mandado de segurança, conferir item seguinte (6.3). O Tribunal de Justiça do Rio Grande do Sul, entretanto, diz ser incabível Mandado de Segurança contra decisão proferida por desembargador em agravo de

## 21. Elementos do acórdão

Consoante estatui o art. 458, aplicável aos acórdãos por força do que dispõe o art. 165, constituem-se elementos destes:

a) o relatório, que conterá os nomes das partes, a suma do pedido e da resposta do réu, bem como o registro das principais ocorrências havidas no andamento do processo.

O relatório é a parte neutra da decisão onde o juiz historia tudo quanto ocorreu no curso do processo, iniciando pela narrativa do pleito do autor, prosseguindo com a resposta do réu e assim em diante, respeitando a cronologia dos fatos, demonstrando, com isso, que leu efetivamente os autos e compreendeu a controvérsia. No acórdão o relatório ainda tem a missão de dar conhecimento do feito aos membros do colegiado que não tiveram acesso aos autos e, mesmo, reavivar a memória daqueles que estiveram com os autos em mãos.

A exposição do relatório deve ser puramente objetiva. Não deve no relatório o juiz antecipar sua opinião, nem adotar tom de crítica ou aprovação a qualquer ato ou pronunciamento das partes ou, sendo o caso, de outro órgão judicial que antes haja funcionado no processo.

É nulo o acórdão que omite o relatório. Mesmo naqueles recursos em que não há revisão e o relator é dispensado de lançar relatório nos autos ao pedir dia para julgamento (v.g., os feitos que tramitam sob o procedimento sumário), há necessidade de que o

---

instrumento. Sustenta-se não ser o Tribunal, por qualquer de seus órgãos, competente para rever ato de órgão fracionário seu (inclusive do relator), porquanto não existe hierarquia entre estes. Neste sentido: TJRS-Pleno, Mandado de Segurança 70000682518, Rel. Des. Osvaldo Stefanello, j. 17.04.2000. De outro lado, contudo, o STJ diz que a interpretação do art. 21, VI, da LOMAN, o mandado de segurança impetrado em ataque a ato de Desembargador deve, necessariamente, ser julgado pelo respectivo Tribunal (STJ-3ª Turma, RMS 19.588/RS, rel. Min. Castro Filho, j. 13.12.2005, DJU 20.02.2006, p. 329).

relatório seja feito oralmente em sessão e que, posteriormente, integre o acórdão.

Também é nulo o acórdão que omite ou troca o nome das partes.

b) os fundamentos, em que o juiz analisará as questões de fato e de direito.

É o ponto no qual o juiz deve expor os motivos do seu convencimento por uma ou outra tese, por uma ou outra versão. Deve o julgador explicitar o itinerário lógico do seu raciocínio.[380] No caso do acórdão, é onde o tribunal dá as razões do seu convencimento.

A motivação reproduz, no mais das vezes, algo a mais do que um estudo feito pelo julgador no intuito de alcançar uma "boa forma de julgar, um exame de consciência sucessivo, realizado pelo juiz para que ele próprio se convença de haver bem julgado. A motivação é uma prova lógica para controlar, à luz da Razão, a bondade de uma decisão fruto de sentimento".[381]

A fundamentação é hoje garantia constitucional, prevista no art. 93, IX, da CF, que preceitua que "todos os julgamentos dos órgãos do Poder Judiciário serão públicos, e fundamentadas todas as decisões, sob pena de nulidade [...]".

Desta forma, é nulo, evidentemente, o acórdão não fundamentado, como tal se considerando o que é omisso a respeito de ponto central ou relevante da defesa ou o que não procede à análise das questões de fato indispensáveis ao deslinde da causa.

A nulidade da fundamentação, por ser absoluta, pode ser declarada de ofício.

c) o dispositivo, em que o juiz resolve as questões que as partes lhe submeterem.

O dispositivo é a parte da sentença ou do acórdão em que explicitamente se acolhe ou rejeita o pedido do autor, julgando-o procedente ou improcedente. Em se tratando de acórdão que julgou recurso, o dispositivo mencionará se houve provimento ou improvimento, ou seja, acolhimento ou não das razões recursais e reforma ou manutenção da sentença. Havendo reforma, o acórdão deverá conter dispositivo tão minucioso quanto o de uma sentença, inclusive com nova distribuição dos encargos sucumbenciais.

---

[380] Teresa Arruda Alvim Wambier, em sentido contrário, acredita que a motivação da sentença não exprime o *iter* que o juiz percorreu até a decisão (*Nulidades da sentença*. 3. ed. São Paulo: Revista dos Tribunais, 1993, p. 195).

[381] CALAMANDREI, Piero. *Processo e Democracia*. Pádua: Cedam, 1952, p. 102.

A ausência do dispositivo, ou o dispositivo incoerente ou ininteligível, conduz à nulidade da decisão.

Ainda, consoante o art. 560, todo o acórdão deverá conter ementa.

Consiste a ementa no enunciado sintético das principais questões decididas no acórdão e das teses jurídicas nele enfrentadas.

Atingirá seu objetivo quando permitir que por meio da sua leitura se identifique, em tempo consideravelmente menor do que aquele exigido para a leitura integral do acórdão, do que tratou o processo e qual a decisão a que chegou o órgão colegiado.

Mas sua importância não se restringe a isto. A ementa, por se constituir em resumo do que restou decidido, poderá ser invocada como precedente em julgamentos posteriores. Daí a importância de que seja fiel ao que constou no texto do acórdão; do contrário poderá criar um falso precedente.

Além destes requisitos, o acórdão deverá conter a parte autenticativa, com a assinatura – que poderá ser eletrônica, conforme parágrafo único do art. 556 – do relator e, sendo caso, do redator do acórdão e daqueles julgadores que houverem declarado voto.

## 22. Publicação do acórdão

Após lavrado e assinado,[382] o acórdão será publicado no órgão oficial. A publicação objetiva dar ciência às partes e, principalmente, aos seus advogados. A lei não exige a publicação do inteiro teor do acórdão,[383] mas apenas de seu dispositivo, ou seja, do resultado do julgamento.[384]

Determina o art. 564 que a publicação se dê dentro de 10 (dez) dias. Não estipula a norma, contudo, o termo inicial do prazo, concluindo-se que flui da entrega dos autos à secretaria por aquele incumbido da redação do acórdão.[385]

Tal prazo é impróprio.[386] Em verdade é "dirigido aos juízes e às secretarias" e o seu descumprimento "não atinge, de modo nenhum, a decisão".

---

[382] O acórdão, em regra, é subscrito pelo relator. Vencido este, deverá o acórdão ser assinado também pelo seu redator que, em geral, é o autor do primeiro voto vencedor. Preceitua o art. 202 do RITJRS: "O acórdão será redigido pelo Relator e apresentado para publicação no prazo de trinta (30) dias. [...] § 2º Quando o Relator for vencido, será designado para Redator do acórdão o julgador que proferiu o primeiro voto vencedor. O Relator vencido na preliminar, ou só em parte no mérito, redigirá o acórdão. § 3º O Relator rubricará as folhas do acórdão que não tenham sua assinatura".

[383] PONTES DE MIRANDA, Francisco Cavalcanti. *Comentários ao Código de Processo Civil*. 2. ed. Rio de Janeiro: Forense, 2000, t. VIII, arts. 539 a 565, p. 253.

[384] Como diz Araken de Assis, "a redação primitiva do art. 506, III, aludia à publicação da 'súmula'; o art. 564, às conclusões. A Lei 11.276, de 07.02.2006, trocou 'súmula' por dispositivo, deixando incólume o art. 564. É de maior apuro técnico, decerto, a menção a 'dispositivo', porque elemento do acórdão (art. 165 c/c art. 458, III). É o resultado proclamado pelo presidente em todos os seus variados aspectos. Para retornar ao exemplo ministrado, o dispositivo é o seguinte: conheceram da apelação, rejeitando por unanimidade a intempestividade e por maioria a deserção, vencido nesta o revisor; por maioria, vencido o relator, conheceram do agravo retido, rejeitando a falta de interesse, mas negaram provimento unânime ao agravo; e, por unanimidade, desproveram a apelação, confirmando a sentença sujeita a remessa oficial" (ASSIS, Araken de. *Manual dos Recursos*. 2. ed. São Paulo: Revista dos Tribunais, 2008, p. 368).

[385] MOREIRA, José Carlos Barbosa. *Comentários ao código de processo civil*. 13. ed. Rio de Janeiro: Forense, 2006, v. 5, p. 704.

[386] ASSIS, Araken de. *Manual dos Recursos*. 2. ed. São Paulo: Revista dos Tribunais, 2008, p. 368.

A lei não estipula, outrossim, prazo para o redator do acórdão devolver os autos para a secretaria com o acórdão. Recomenda-se, todavia, que o façam os regimentos internos,[387] a exemplo do RITJRS que, em seu art. 202, fixa o prazo de trinta dias e autoriza, em seguida, no seu § 1º, que, vencido o prazo, o Presidente, a requerimento das partes ou do Ministério Público, designe outro membro da Corte que tenha participado do julgamento para redigir o acórdão.

É da publicação no órgão oficial que correrão os prazos para eventuais recursos ainda possíveis (art. 506, III), valendo lembrar que, conforme tem decidido o STF, a intempestividade dos recursos tanto pode derivar de impugnações prematuras (que se antecipam à publicação dos acórdãos) quanto decorrer de oposições tardias (que se registram após o decurso dos prazos recursais).[388]

Havendo erro na publicação a ponto de gerar dúvidas e causar prejuízo a qualquer das partes, é indispensável que haja a republicação das conclusões do acórdão, a ser determinada em atendimento a requerimento da parte ou em decisão de embargos de declaração[389] ou mesmo *ex officio*.[390] Ocorrendo nova publicação, é da data desta que deverá correr o prazo para outros recursos.[391]

---

[387] MOREIRA, José Carlos Barbosa. *Comentários ao código de processo civil*. 13. ed. Rio de Janeiro: Forense, 2006, v. 5, p. 704.

[388] Assim: PROCESSUAL CIVIL. AGRAVO REGIMENTAL EM AGRAVO DE INSTRUMENTO. RECURSO EXTRAORDINÁRIO. EXTEMPORANEIDADE. INTERPOSIÇÃO PREMATURA. AUSÊNCIA DE RATIFICAÇÃO. I – Como tem se orientado esta Corte, a intempestividade dos recursos tanto pode derivar de impugnações prematuras (que se antecipam à publicação dos acórdãos) quanto decorrer de oposições tardias (que se registram após o decurso dos prazos recursais). [...]. III – Agravo regimental improvido (STF-1ª Turma, AgR no AI 666984/PE, j. 11.9.2008. Também: "AGRAVO REGIMENTAL" – EXTEMPORANEIDADE – IMPUGNAÇÃO RECURSAL PREMATURA, DEDUZIDA EM DATA ANTERIOR À DA PUBLICAÇÃO DA DECISÃO RECORRIDA – RECURSO DE AGRAVO IMPROVIDO. – A intempestividade dos recursos tanto pode derivar de impugnações prematuras (que se antecipam à publicação das decisões) quanto decorrer de oposições tardias (que se registram após o decurso dos prazos recursais). Em qualquer das duas situações – impugnação prematura ou oposição tardia –, a conseqüência de ordem processual é uma só: o não conhecimento do recurso, por efeito de sua extemporânea interposição (STF-2ª Turma, AgR no AI 685370/MG, Re. Min. Celso de Mello, j. 4.11.2008).

[389] PONTES DE MIRANDA, Francisco Cavalcanti. *Comentários ao Código de Processo Civil*, t. VIII: arts. 539 a 565. 2. ed. Rio de Janeiro: Forense, 2000, p. 253.

[390] MOREIRA, José Carlos Barbosa. *Comentários ao código de processo civil*. 13. ed. Rio de Janeiro: Forense, 2006, v. 5, p. 711.

[391] Idem, ibidem.

Não havendo a interposição de qualquer dos recursos cabíveis no prazo legal, a secretaria deverá providenciar a baixa dos autos ao juízo de origem no prazo de cinco dias, consoante determina o art. 510.[392]

---

[392] PONTES DE MIRANDA, Francisco Cavalcanti. *Comentários ao Código de Processo Civil*. 2. ed. Rio de Janeiro: Forense, 2000, t. VIII, arts. 539 a 565, p. 254; MOREIRA, José Carlos Barbosa. *Comentários ao código de processo civil*. 13. ed. Rio de Janeiro: Forense, 2006, v. 5, p. 711.

## 23. Atendimento dos magistrados aos advogados

Preocupam-se os mais diligentes advogados, especialmente nos casos de maior relevância, em entregar pessoalmente petições aos juízes, aproveitando a ocasião para uma breve exposição do caso e dos seus argumentos.[393]

Nos tribunais tal diligência é ainda mais usual. Como ressalta experiente advogado, "sempre foi e é costume, no meio forense paulista a entrega pessoal de memorial aos integrantes da Turma julgadora".[394]

Nos demais Estados brasileiros não é diferente.

Decerto, a presença do advogado que bem articule os seus argumentos é poderosa arma em favor da parte, por mais que neguem os magistrados, sob o argumento de que tudo aquilo que é dito, deve estar escrito e, estando escrito, será considerado.

De toda sorte, não é por cortesia e nem em homenagem à tradição ou ao costume que os magistrados integrantes dos tribunais devem atender aos advogados, mas sim por expressa disposição legal.

A LOMAN (LC nº 35; 1979), em seu art. 35, IV, preceitua ser dever do magistrado "atender os que o procurarem a qualquer mo-

---

[393] Como disse Adalberto Kaspary, "em toda profissão a palavra pode ser útil, inclusive necessária. No mundo do Direito, ela é indispensável. Nossas ferramentas não são mais que palavras disse o jurista italiano Carnelutti. Todos empregam palavras para trabalhar, mas, para o jurista, elas são precisamente a matéria-prima de sua atividade. As leis são feitas com palavras, como as casas são feitas com tijolos. O jurista, em última análise, não lida com fatos, diretamente, mas com palavras que denotam ou pretendem denotar esses fatos. Há, portanto, uma parceria essencial entre o Direito e a Linguagem" (KASPARY, Adalberto J. *Linguagem do Direito,* disponível em <www.espacovital.com.br>, acesso em 30 jun. 2003).

[394] CRUZ E TUCCI, José Rogério. A lição de Calamandrei, os vasos comunicantes e o direito do advogado ser recebido pelo Magistrado, *Revista do Advogado,* nº 100, São Paulo: AASP, 2008, p. 66-69.

mento, quando se trate de providência que reclame e possibilite solução de urgência".

Muito mais amplo é o art. 7º, VIII, da Lei nº 8.906/94 (Estatuto da Advocacia), que dispõe ser direito do advogado "dirigir-se diretamente aos magistrados nas salas e gabinetes de trabalho, independentemente de horário previamente marcado ou outra condição, observando-se a ordem de chegada".

Nada obstante o comando legal, queixam-se os advogados com frequência da inacessibilidade aos magistrados.[395]

E as reclamações parecem não ser infundadas, prova disto é a recente manifestação do CNJ, que consignou ser o magistrado "sempre obrigado a receber advogados em seu gabinete de trabalho, a qualquer momento durante o expediente forense, independentemente da urgência do assunto, e independentemente de estar em meio à elaboração de qualquer despacho, decisão ou sentença, ou mesmo em meio a uma reunião de trabalho. Essa obrigação se constitui em um dever funcional previsto na LOMAN e a sua não observância poderá implicar em responsabilização administrativa".[396]

Destarte, atender aos advogados é dever funcional dos magistrados. E não basta ao juiz receber o advogado, devendo, decerto, tratá-lo com urbanidade. O problema não é novo e nem exclusivo do direito pátrio. Em meados do século passado já alertava respeitado jurista italiano que o "Juiz que falta ao respeito devido ao advogado, ignora que beca e toga obedecem à lei dos vasos comunicantes: não se pode baixar o nível de um, sem baixar igualmente o nível do outro".[397]

Conduta não menos cordial e urbana é, evidentemente, exigida do advogado. Decerto, "respeito se paga na mesma proporção em que se pede".[398]

---

[395] José Rogério Cruz e Tucci desabafou em recente artigo: "chegando aos 30 anos de exercício da profissão e diante deste cenário desolador, tem-me causado imensa perplexidade certo comportamento crescente de alguns Magistrados, de inequívoca tendência reacionária, que se recusam a receber Advogado em seu respectivo gabinete de trabalho. Alguns conhecidos Desembargadores agem, até, com inescondível hipocrisia, quando, por meio de seus assessores, designam data e horário ao Advogado, desde que este esteja acompanhado do Procurador da outra parte!" (CRUZ E TUCCI, José Rogério. A lição de Calamandrei, os vasos comunicantes e o direito do advogado ser recebido pelo Magistrado, *Revista do Advogado*, nº 100, São Paulo: AASP, 2008, p. 66-69).

[396] Pedido de Providências nº 1.465, Cons. Marcus Faver, j. 4.6.2007.

[397] CALAMANDREI, Piero. *Eles, os Juízes, vistos por nós, Advogados*. 2. ed. Lisboa: Clássica Ed. 1943, p. 54.

[398] Samuel Johnson, crítico e romancista inglês, 1709-1784. No original, em inglês: "Respect is often paid in proportion as it is claimed".

É verdade "que o processo é o campo onde se representa uma das cenas mais agitadas e complexas da vida social. Campo aberto a todas as paixões humanas",[399] o que, por vezes, dificulta a "paz processual".

Contudo, com cordialidade e urbanidade ganham todos: o advogado cumpre sua missão e o magistrado, além de respeitar a lei, aproveita o momento para melhor compreender o caso e os argumentos das partes, sendo induvidoso que isto em nada abalará sua imparcialidade.

---

[399] SANDOVAL, Ovídio Rocha Barros. *O Poder Judiciário brasileiro a partir da Independência.* São Paulo: Revista dos Tribunais, 1978, p. 97.

# Obras consultadas

ALLA, Valentina Jungmann Cintra. *O recurso de agravo e a Lei 9.139, de 30.11.1995*. São Paulo: Revista dos Tribunais, 1998.

ALMEIDA, José Antônio. *Agravo interno e ampliação dos poderes do relator*: aspectos polêmicos e atuais dos recursos e outros meios de impugnação às decisões judiciais. São Paulo: Revista dos Tribunais, 2003, v. 7.

ALVIM, Eduardo Arruda. *Direito Processual Civil*. 2. ed. São Paulo: Revista dos Tribunais, 2008.

ALVIM, J. E. Carreira. *Novo agravo*. 5. ed. Rio de Janeiro: Forense, 2003.

AMARAL JR., José Levi Mello do. *Incidente de argüição de inconstitucionalidade*. São Paulo: RT, 2002.

ARAGÃO, Egas Dirceu Moniz de. *Do agravo regimental*. Revista dos Tribunais, São Paulo, 1962, v. 315.

ARENHART, Sérgio Cruz. *A nova postura do relator no julgamento dos recursos*. RePro, São Paulo, n. 103, p. 37-58, 2001.

ARRUDA ALVIM. *Manual de direito processual civil*. 12. ed. São Paulo: RT, 2008, v. 1 e 2.

ARRUDA ALVIM. Princípios fundamentales ý formativos del procedimiento civil brasileño. *Revista de Processo*, v. 38, 1985, p. 84-110.

ASSIS, Araken de. *Manual dos Recursos*. 2. ed. São Paulo: Revista dos Tribunais, 2008.

——. *Introdução aos sucedâneos recursais*: Aspectos polêmicos e atuais dos recursos e outros meios de impugnação às decisões judiciais. São Paulo: Revista dos Tribunais, 2002.

——. *Notas sobre o Direito Transitório na Lei 10.352/2001*. Disponível em http://www.tjrs.gov.br, acesso em 12 fev. 2009.

AZEM, Guilherme Beux Nassif. *Processo nos tribunais*, arts. 476 a 479, disponível em http://www.tex.pro.br, acesso em 4 abr. 2009.

BARROSO, Darlan. *Manual de Direito Processual Civil*: recursos e processo de execução, Barueri-SP: Manole, 2007, v. II.

BERMUDES, Sérgio. *Introdução ao processo civil*. 4. ed. Rio de Janeiro: Forense, 2006.

——. *A reforma do código de processo civil*. 2. ed. São Paulo: Saraiva, 1996.

——. *Comentários ao Código de Processo Civil*. 2. ed. São Paulo: RT, 1977, v. 7.

BORGES, Marcos Afonso. Alterações do Código de Processo Civil oriundas da Lei 9.756, de 17 de dezembro de 1998, *RePro 94/7-11*.

CALAMANDREI, Piero. *Eles, os Juízes, vistos por nós, Advogados*. 2. ed. Lisboa: Clássica Ed., 1943.

——. *Eles, os juízes, vistos por um advogado*. São Paulo: Martins Fontes, 2000.

——. *Processo e Democracia*. Pádua: Cedam, 1952.

CÂMARA, Alexandre Freitas. *Lições de direito processual civil*. 2. ed. Rio de Janeiro: Lumen Juris, 2004, v. II.

CÂMARA, Alexandre Freitas. O objeto da cognição no processo civil. In: *Livro de Estudos Jurídicos*, n° 11, Rio de Janeiro: Instituto de Estudos Jurídicos, 1995.

CAMBI, Accácio. *Aspectos polêmicos na aplicação do art. 557 do CPC:* aspectos polêmicos e atuais dos recursos e outros meios de impugnação às decisões judiciais. São Paulo: Revista dos Tribunais, 2003, v. 7.

CARNEIRO, Athos Gusmão. *O novo recurso de agravo e outros estudos*. 4. ed. Rio de Janeiro, Forense: 1998.

──. Poderes do relator e agravo interno: arts. 557, 544 e 545 do CPC: *Revista Síntese de Direito Civil e Processual Civil*. Porto Alegre, n. 6, p. 9-18, jul./ago. 2000.

──. *Recurso especial, agravos e agravo interno*. 2. ed. Rio de Janeiro: Forense, 2002.

CARVALHO, Fabiano. *Poderes do relator nos recursos* – art. 557 do CPC. São Paulo: Saraiva, 2008.

COUTURE. Eduardo J. *Fundamentos del derecho procesal civil*. 4. ed. Montevideo; Buenos Aires: Ed. B de F, 2004.

CRUZ E TUCCI, José Rogério. A lição de Calamandrei, os vasos comunicantes e o direito do advogado ser recebido pelo Magistrado: *Revista do Advogado*, nº 100, São Paulo: AASP, 2008, p. 66-69.

DE PLÁCIDO E SILVA, *Vocabulário jurídico*. Ed. Eletrônica. São Paulo: Forense, 1999. Verbete "delegação".

DIDIER JR., Fredie. *Recurso de terceiro – Juízo de admissibilidade*. São Paulo: Revista dos Tribunais, 2002.

──; CUNHA, Leonardo José Carneiro da. *Curso de Direito Processual Civil*. 7. ed. Podium: Salvador, 2009, v. 3.

DINAMARCO, Cândido Rangel. *A reforma da reforma*. São Paulo: Malheiros, 2002.

──. *Instituições de direito processual civil*. São Paulo: Malheiros, 2001, v. 1.

──. O relator, a jurisprudência e os recursos, *Aspectos polêmicos e atuais dos recursos cíveis de acordo com a Lei 9.756/98*. São Paulo: Revista dos Tribunais, 1999.

FADEL, Sérgio Sahione. *Código de Processo Civil comentado*. Rio de Janeiro: José Konfino Editor, 1974, t. III.

FAGUNDES, M. Seabra. *Dos recursos ordinários em matéria civil*. Rio de Janeiro: Forense, 1946.

FERREIRA FILHO, Manuel Caetano. *Comentários ao código de processo civil*. São Paulo: Revista dos Tribunais, 2001, v. 7.

FRANCO, Fábio Luis. *Algumas considerações acerca do recurso do agravo pós reforma da reforma*. São Paulo: Revista dos Tribunais, 2003.

FRANZÉ, Luís Henrique Barbante. *O agravo frente aos pronunciamentos de primeiro grau no processo civil*. 4. ed. Curitiba: Juruá, 2006.

FRANZÉ, Luís Henrique Barbante. *Tutela antecipada recursal*. Curitiba: Juruá, 2007.

FREITAS CÂMARA, Alexandre. O objeto da cognição no processo civil. In: *Livro de Estudos Jurídicos*, n° 11, Rio de Janeiro: Instituto de Estudos Jurídicos, 1995.

FUX, Luiz. *Curso de direito processual civil*. Rio de Janeiro: Forense, 2004.

GRECO FILHO, Vicente. *Direito processual civil brasileiro*. 14. ed. São Paulo: Saraiva, 2000, v. 2.

──. ──. 16. ed. São Paulo: Saraiva, 2003, v. 2.

JORGE, Flávio Cheim Jorge. *Apelação cível:* teoria geral e admissibilidade. São Paulo: Revista dos Tribunais, 1999.

KASPARY, Adalberto J. *Linguagem do Direito*, disponível em http://www.espacovital.com.br, acesso em 30 jun. 2003.

LIMA, Alcides de Mendonça. *Introdução aos recursos cíveis*. São Paulo: Revista dos Tribunais, 1976.

MANCUSO. Rodolfo de Camargo. *Recurso extraordinário e Recurso Especial*. 10. ed, São Paulo: RT, 2009.

MARCATO, Antonio Carlos (coord.). *Código de processo civil interpretado*. 3. ed. São Paulo: Atlas, 2008.

MARINONI, Luiz Guilherme; ARENHART, Sérgio Cruz. *Manual do Processo de Conhecimento*. 5. ed. São Paulo: Revista dos Tribunais, 2006.

MATOS, Miguel. *Migalhas de Euclides da Cunha*. São Paulo: Migalhas, 2009.

MIRANDA, Gilson Delgado e PIZZOL, Patrícia Miranda. *Recursos no Processo Civil*. 6. ed. São Paulo: Atlas, 2009.

MOREIRA, José Carlos Barbosa. *Comentários ao código de processo civil*. 14. ed. Rio de Janeiro: Forense, 2008, v. 5.

——. *Comentários ao código de processo civil*. 8. ed. Rio de Janeiro: Forense, 1999, v. 5.

NEGRÃO, Theotonio; GOUVÊA, José Roberto F. *Código de Processo Civil e legislação processual em vigor*. 41. ed. São Paulo: Saraiva, 2009.

NERY JUNIOR, Nelson; NERY, Rosa Maria Andrade. *Código de processo civil e legislação processual civil extravagante em vigor*. 4. ed. São Paulo: Revista dos Tribunais, 2007.

ORIONE NETO, Luiz. *Recursos cíveis*. 2. ed. São Paulo: Saraiva, 2006.

PARÁ FILHO, Tomás. *A chamada uniformização de jurisprudência*. São Paulo: Revista de Processo, São Paulo: Revista dos Tribunais, v. 1, n.1, jan./mar. 1976, p. 71-82.

PAULA, Alexandre de. *Código de processo civil anotado*. 3. ed. São Paulo: Revista dos Tribunais, 1986.

PEÑA, Eduardo Chemale Selistre. O recurso de agravo como meio de impugnação das decisões interlocutórias de primeiro grau, Porto Alegre: Livraria do Advogado Editora, 2008.

——. *Cognição no Processo Civil: plena e limitada; exauriente e sumária*, disponível em <http:\\www.tex.pro.com.br>. Acesso em 11 de novembro de 2008.

——. *O Princípio do juiz natural*. [S.l.: s.n, 200-]. Disponível em: <http:\\www.tex.pro.com.br>. Acesso em: 6 maio 2006.

PINTO, Nelson. *Código de processo civil interpretado*, Antônio Carlos Marcatto, coordenador. 3. ed. São Paulo: Atlas, 2008.

PINTO, Nelson Luiz. Recurso especial e recurso extraordinário – a Lei 8.038, de 28.5.90 e as alterações no Código de Processo Civil. *RePro*, 57, São Paulo: Revista dos Tribunais, 1990.

PIZZOL, Patrícia Miranda. *Código de processo civil interpretado*, Antônio Carlos Marcato, coordenador. 3. ed. São Paulo: Atlas, 2008.

PONTES DE MIRANDA, Francisco Cavalcanti. *Comentários ao Código de Processo Civil*. t. VIII: arts. 539 a 565, 1. ed. Rio de Janeiro-São Paulo: Forense, 1975.

——. *Comentários ao Código de Processo Civil*. t. VIII: arts. 539 a 565. 2. ed. Rio de Janeiro: Forense, 2000.

——. ——. 3. ed. Rio de Janeiro: Forense, 2001.

PORTANOVA, Rui. *Princípios do processo civil*. 6. ed. Porto Alegre: Livraria do Advogado, 2005.

PORTO, Sérgio Gilberto. *Comentários ao código de processo civil*, v. 6. São Paulo: Revista dos Tribunais, 2000.

——; USTÁRROZ, Daniel. *Manual dos Recursos Cíveis*. Porto Alegre, Livraria do Advogado, 2007.

SANCHES, Sidney. *Uniformização da jurisprudência*. São Paulo: RT, 1976.

SANDOVAL, Ovídio Rocha Barros. *O Poder Judiciário brasileiro a partir da Independência*. São Paulo: RT, 1978.

SANTOS, Ernani Fidélis dos. *Curso de direito processual civil*. v. 1, 13. ed. São Paulo: Saraiva, 2009.

SANTOS, Moacyr Amaral. *Primeiras linhas de direito processual civil*. v. 1, 21. ed. São Paulo: Saraiva, 1999.

SCARPINELLA BUENO, Cássio. *Código de processo civil interpretado*. Antônio Carlos Marcatto (coord.). 3. ed. São Paulo: Atlas, 2008.

———. *Curso Sistematizado de Direito Processual Civil*. v. 5, São Paulo: Saraiva, 2008.

SILVA, Ovídio Araújo Baptista da. *Curso de processo civil: processo de conhecimento*. 1º vol., 5. ed. São Paulo: Revista dos Tribunais, 2000.

———. *Curso de processo civil: processo de conhecimento*. 1º vol., 7. ed. São Paulo: Revista dos Tribunais, 2006.

SOUZA, Bernardo Pimentel. *Introdução aos Recursos Cíveis e à Ação Rescisória*. 4. ed. São Paulo: Saraiva, 2007.

TALAMINI, Eduardo. *Decisões individualmente proferidas por integrantes dos tribunais: legitimidade e controle (agravo interno)*: Aspectos polêmicos e atuais dos recursos de acordo com a Lei 10.352/2001. São Paulo: Revista dos Tribunais, 2002b, v. 5.

TEIXEIRA, Sálvio de Figueiredo. *Código de processo civil anotado*. 7. ed. São Paulo: Saraiva, 2003.

TESHEINER, José Maria Rosa. Uniformização de Jurisprudência. *Revista da Ajuris*, v. 50, Porto Alegre, 1990, p. 178-183.

———. *Recurso das decisões do relator*. [S.l.: s.n, 200-a]. Disponível em: <http://www.tex.pro.br>. Acesso em: 10 nov. 2005.

THEODORO JÚNIOR, Humberto. *Inovações da Lei 10.352/00, em matéria de recursos cíveis e duplo grau de jurisdição*: aspectos polêmicos e atuais dos recursos e outros meios de impugnação às decisões judiciais. São Paulo: Revista dos Tribunais, 2002.

VELOSO, Zeno. *Controle jurisdicional de constitucionalidade*. Belém: CEJUP, 1999.

VIGLIAR, José Marcelo Menezes. *Código de processo civil interpretado*. Antônio Carlos Marcatto (coord.). 3. ed. São Paulo: Atlas, 2008.

WAMBIER, Teresa Arruda Alvim. *Nulidades da sentença*. 3. ed. São Paulo: Revista dos Tribunais, 1993.

———. *O novo regime do agravo*. 2. ed. São Paulo: Revista dos Tribunais, 1996.

———. *Os agravos no CPC brasileiro*. 3. ed. São Paulo: Revista dos Tribunais, 2000.

———. *A nova lei do agravo*. Revista Jurídica Consulex. São Paulo, ano 10, n. 217, p. 36-39, 31 jan. 2006.

———; ALMEIDA, Renato Correia de; TALAMINI, Eduardo. *Curso Avançado de Processo Civil*. 2.ed. São Paulo, 1999.

WATANABE, Kazuo. *Da cognição no processo civil*. Revista dos Tribunais, 1987.

ZAVASCKI, Teori Albino. *Antecipação da tutela*. 2. ed. São Paulo: Saraiva, 1999.

*Impressão:*
**Evangraf**
Rua Waldomiro Schapke, 77 - P. Alegre, RS
Fone: (51) 3336.2466 - Fax: (51) 3336.0422
E-mail: evangraf.adm@terra.com.br